AF599690

M. Athos
Meteora
Sitonía
Pelión
Icaria
Samos
Fourni
Donousa
Skinousa
Koufonisi
Simi
Chalki
Lindos
Tilos
Kastelorizo
Komitades
Matala
Loutro
Chora Skafia
Gavdos

PARAÍSOS CERCANOS

Las fotos de este libro se han realizado con una antigua Olympus E400 y una Leica D-lux 6

Servicio de Publicaciones
de la Fundación Unicaja
c/ San Juan de Dios, 1-6º
29015 Málaga

I.S.B.N.: 978-84-18689-58-1
D.L.: 409-2026

Impreso en España - Printed in Spain
Diseño y Maquetación: C.G.P

Imprenta Gráficas Urania

PARAÍSOS CERCANOS

Juan Campos Sánchez

ÍNDICE

PRÓLOGO

Conocí superficialmente a Juan Campos hace muchos años, en el sentido de decir adiós cuando uno se cruza por la calle Larios con alguien conocido, pero con quien no se han intercambiado más de dos palabras. Realmente no empezamos a ser amigos hasta que, no sé cuándo ni cómo, ambos descubrimos que éramos gente que merecíamos la pena, al menos como conversadores. Quizás fuera mi hermano Gonzalo quien nos sentara a una mesa por primera vez, no lo recuerdo, pero no transcurrió mucho tiempo hasta que formábamos parte de la misma sociedad gastronómica, llamada SPAM —sí, como los mensajes peligrosos en internet, pero en nuestro caso era un acrónimo que quería decir Sociedad Para Alimentarse Mayormente— de la que ya no queda ni el lugar de reunión, que era la bellísima y decadente en su abandono Casa de Botes, ni varios de sus miembros fundadores, algunos alejados por su propio pie y otro en la barca de Caronte. Entonces, en aquel lugar se comía pura historia, porque la historia se come y cada pueblo cocina según el grado de civilización que haya alcanzado en los últimos cientos, o miles de años. Allí comíamos el Mediterráneo en sazón, pulpo a la brasa, calamares, boquerones, almejas, conchas finas, ensaladas..., lo mismo que hace dos mil años, gracias a los dioses. Es casi idéntico a lo que comían los fenicios del Cerro del Villar, como se ha documentado en las últimas excavaciones en la desembocadura del Guadalhorce. Y esa era la forma de vivir de nosotros, los fenicios y grecolatinos, desde el Líbano hasta las columnas de Hércules, o de Algeciras a Estambul. El salitre y la brea impregnaban el aire con su olor a siglos hasta hace un tiempo relativamente corto, cuando la invasión de un turismo desbocado arrasó con la tradición e impuso una gastronomía extraña: mezcla de *japonerías* de supermercado, *italianidades* pasadas por el Bronx y falsos molletes antequeranos, que ahora llaman pan bao, cualquiera que sea el significado que eso pueda tener. Resulta que hoy, en el mejor de los casos, las circunstancias exigen que te expliquen qué vas a comer y, en el peor, más vale que no te lo expliquen.

La Casa de Botes era, como su propio nombre indica, un viejo caserón de encaladas paredes y ventanas de agrietada madera azul —blanco y azul, como en Grecia— que servía para guardar en la planta baja piraguas y botes de remo con su propio embarcadero. Un túnel unía la casona al Club Mediterráneo bajo la carretera, que llevaba al extremo del morro de Levante, a donde tantos coches iban a medianoche a contemplar la luna o lo que se terciara contemplar. Aquella casa, con el encanto de la decadencia, fue transformada en una sucursal del mundo *woke* de camareros ataviados como balineses que deambulaban entre kentias.

Nuestras sobremesas a la orilla del mar a la caída de la tarde, cuando el sol bajaba hasta ponerse casi horizontal con nuestras miradas, mientras se escondía tras las sierras de Alhaurín, creaban un ambiente ensoñador de luz difusa que obligaba a entrecerrar los ojos, mientras el *gin-tonic* hacía el resto. A veces, uno conseguía entrar en la ataraxia, bellísimo concepto griego que puede traducirse como «la ausencia de turbación». Puede que fuera esto lo que buscaba Juan en sus diecisiete viajes a remotas islas griegas, aunque ya lo había conseguido aquí en algunos momentos. En ocasiones, pasaba una jábega con ojo fenicio en la proa sobre un mar en tersa quietud. A esa hora solía partir el «Melillero» con el aire de eterna despedida que suelen provocar los ferris. Y eso que ya ni los puertos, ni las estaciones y, en modo alguno, los aeropuertos son ni sombra de lo que fueron en el mundo de ayer. Una de esas tardes, siempre en tercer miércoles del mes, Juan y yo empezamos a hablar de Cesária Évora y de la música caboverdiana. Ya habíamos hablado otras veces de cine, de literatura de viajes y del sentido, o no, del infinito viajar. Juan solía aderezar aquellas charlas tan cultas y distendidas con algún chiste de su amplio repertorio sobre gatos acostados, en cuya labor era jaleado por mi hermano Gonzalo y por Andy Gutiérrez, que solía acabar llorando físicamente de risa. Cuando el sol se había ocultado, levantábamos el campo en estado de profunda y calamitosa felicidad.

¿Y qué tiene esto que ver con el libro que estoy prologando? Todo. Allí estábamos refugiados del mundanal ruido, junto al mar, sin lujo alguno, salvo el de contemplar atardeceres muy similares a los que Juan empezó a buscar y encontrar en sus primeros viajes a islas desconocidas de Grecia en la década de los ochenta. Era también una huida. Los atardeceres son como los viajes: no te llevan a ningún sitio; solo hay que vivirlos sin pensar en otra cosa.

Juan es de Rute, localidad de las sierras cordobesas, famosa por su anís, sus mantecados, su aceite, algunas chacinas y una granja de burros, ese humilde y tierno animal, que el «progreso», entre comillas, está haciendo desaparecer; que se convierte en esponjoso, si escribe de él Juan

Ramón, pero terco como su pariente la mula, si se empecina en no moverse y emisor de un sonido onomatopéyico, que se ha convertido en sinónimo de burrada. Cela los quería mucho. ¿Y qué puede mover a un andaluz de tierra adentro a amar el mar hasta el extremo de ir con constancia y persistencia a buscar el corazón de la *thalassa* griega en pequeñas islas rocosas y cuasi deshabitadas en aguas transparentes como la campana de una medusa, lejos de cualquier ruta marítima, pero por cuyas olas seguramente pasó Ulises alguna vez en busca de la inencontrable Ítaca? Pues seguramente buscaba lo mismo que el de los pies ligeros, su Ítaca particular, que le llevara a ese estado de imperturbable serenidad que produce el monótono romper de pequeñas olas en una minúscula playa de cantos rodados, que, en su eterna vuelta a empezar, al retroceder hacia el mar, arrastran una pequeña porción de piedrecitas, que provocan al entrechocar algo parecido a una especie de música adormecedora. La paz y la tranquilidad, el alejamiento del mundanal ruido, huyendo de un brillante despacho profesional en el que los modelos numerados de la Agencia Tributaria —esa creación humana tan similar a las minas antipersona— pueden provocar un ataque de nervios en el titular, que intenta calmar el terror del administrado. Este mundo fascinante que hemos construido entre todos, consistente en hacer imposible de soportar la corta estancia de la vida terrenal en un minúsculo y remoto lugar de un universo infinito del que vamos a desaparecer sin que quede ni polvo, ni recuerdo, solo la desaparición en el olvido, el desvanecimiento en la nada. Las noches estrelladas del mar en calma son muy similares a las que se contemplan en el desierto, que también tiene olas, aunque de arena, y que provocan el anonadamiento en la inmensidad: el desaparecer en uno mismo, la ataraxia, si se consigue dominar el pánico de la soledad o un escorpión —tan amado por Durrell— no interrumpe con su aguijón tu estado contemplativo.

Entre las corrientes del Egeo y las sombras doradas del atardecer, hay un modo de desaparecer sin huir: eso es lo que hacía Juan, navegar entre las islas menos holladas, aquellas que no figuran en los catálogos turísticos ni casi en los mapas, salvo que sean muy detallados, aquellas que no viven bajo la presión de los *resorts*, ni el bullicio de los insoportables cruceros. Islas apenas, leves: un promontorio rocoso coronado por una iglesia blanca de cúpula azul entre buganvillas, chumberas y olivos milenarios entre lo que se oye el balido de una cabra. Estamos hablando de fragmentos del Mediterráneo primigenio, vestigios de un mundo anterior al ruido del tiempo, en costas olvidadas en las que la vida retoma su latido más antiguo y verdadero. Poca diferencia debe haber entre el Egeo de hace tres mil años y el que invita a partir en estas páginas. La travesía es siempre un regreso, una purificación, un retorno a la renuncia a todo poder, a toda gloria, en busca de un lecho y un hogar, que puede estar a la sombra de uno de esos olivos. Y nada más, porque no hace falta nada más. Navegar hacia Kastellórizo es borrar la identidad social para reencontrar la humana. La luz parece pesar menos, los días son largos, silenciosos, plenos de la sabia lentitud de una taberna, y el tiempo se mide por el sonido de un gallo o el cambio de la luz sobre una pared encalada. Aquí se puede leer a Homero como si fuera un paisano, un marinero de cara curtida y rayada que, acodado a una vieja mesa, de vez en cuando suelta un proverbio que nadie responde, porque todo está dicho por el viento, el mar y las estrellas.

El Mediterráneo es casi el origen de todo, la placenta que alimentó el nacimiento de casi todo lo que merece la pena en esta vida. Dioses incluidos. Digamos «casi», para no herir sentimientos. Aquí vinieron muchos británicos y centroeuropeos tan admirados por Juan, huyendo del mundo que estaban construyendo sus padres en Londres o en Viena. El mundo del que ahora deseamos escapar, pero del que ya no queda adónde ir, y mucho menos huir. Y solo queda la trascendencia, el cielo, la ascensión fatigosa al monte Athos, que no es sino un estado de conciencia, desnudo y antiguo, como Ulises ante los feacios, sin otro mérito que estar vivo. Los monjes caminan sin hablar y cada gesto es una metáfora. Se cantan salmos en lengua bizantina: ese Bizancio que cualquier amante de la belleza tiene que llevar en el fondo de su alma, porque si no, no sabes, no conoces, no entiendes. Bizancio cuajado de oro, incienso, velas y voces graves: el intento de recreación del cielo en la tierra. Para los ortodoxos, la luz no es símbolo, es presencia. Los iconos no representan, manifiestan; y por eso existe el iconostasio, que no es sino la imposibilidad de acceder a la plena visión. En una celda de Athos se puede encontrar el núcleo del mundo, la conciencia del silencio.

Cojan este libro y algunos otros y emprendan la navegación. No van a perder el tiempo. Entre otras cosas, porque el tiempo no existe. Lo comprobarán.

Mariano Vergara Utrera,
29 de septiembre de 2025.

PARAÍSOS CERCANOS

A mi maravillosa familia que me ha acompañado
a descubrir muchos de estos paraísos

MACEDONIA
DEL NORTE
BULGARIA
Kavala
Alejandrópolis
Salónica
ALBANIA
Olimpo
Yánina
Corfú
Lemnos
Larisa
Volos
Igumenitsa
Lesbos
Mar Egeo
TURQUÍA
Calcis
Quíos
Eleusis
Patras
Atenas
Samos
Mar
Jónico
El Pireo
Laurión
Naxos
Cos
Rodas
Mar Mediterráneo
Mar de Creta
Creta
Heraclión
100
200
km

Cuando me disponía a realizar mi primer viaje a Grecia, en 1981, mi amigo y socio Antonio Palacios, lector empedernido, me regaló *Las islas griegas*, de Lawrence Durrell, a quien conocía por *El cuarteto de Alejandría*, pero no por esa bellísima guía de las islas más conocidas. Aquel primer viaje me permitió descubrir, además de Atenas, varias islas de indudable belleza a las que hoy no volvería: Egina, Hidra, Míkonos y Santorini. En aquella época se podía disfrutar de ellas, sobre todo porque las visité en el mes de abril, fuera de temporada. Míkonos y Santorini son demasiado atractivas para permanecer auténticas y el turismo las ha demolido. Egina e Hidra son de una espectacular belleza, pero están demasiado cerca de Atenas. Hidra fue el escenario del romance de Leonard Cohen con Marianne Ihlen («So Long, Marianne»), entonces refugio de escritores y británicos aficionados a la *retsina* y el *arakí*. Hidra guarda similitud con Lindos, lugares emblemáticos, refugio de personajes que buscaban la quietud y el intimismo; la paz y la búsqueda interior. Tanto Sofia Loren como Picasso, Brigitte Bardot y el propio Cohen fueron insignes visitantes que disfrutaron de su belleza. ¿Por qué incluir Lindos y no Hidra? En la actualidad ambas están colmatadas; no obstante, Lindos se mantiene alejada del crucero de visita diurna y el espectacular castillo la hace única. Es posible, además, que Lindos sea el pueblo más bello de toda Grecia.

Después de ese viaje he realizado dieciséis más, en busca siempre de paraísos alejados de las masas devoradoras de lugares auténticos, de suerte que en Grecia hay muchos, y seguirán existiendo, aunque sucumben poco a poco a la vorágine turística. He conocido treinta y dos islas y gran parte de la Grecia continental; bastante poco si tenemos en cuenta que en Grecia existen mil cuatrocientas islas —sin contar los islotes—, de las cuales solo doscientas cuarenta están habitadas.

Siento por estas islas un profundo amor y respeto hacia sus costumbres, su cultura y sus gentes. *Tal vez surgieron por una sacudida provocada por el codazo de un dios somnoliento, o fueron diseñadas por el dios más sutil del Olimpo* (L. Durrell); en cualquier caso, el resultado es mágico. Una buganvilla que cuelga, un muro encalado, olor a higuera, a salitre y a yodo; mágicas tardes junto a una playa.

Estas islas y lugares que describo me han robado el alma y, por eso, las recomiendo visitar, relajadamente, ligeros de equipaje y sin pretensiones.

Henry Miller escribió que un destino no es un lugar, sino otra forma de ver las cosas. Mi objetivo ha sido siempre huir de las islas con aeropuerto, señal inequívoca de que han pasado a peor vida, salvo varias excepciones de pequeños lugares escondidos en las islas más extensas y pobladas. Un ejemplo de lo anterior es Astipalea, quizás una de las más auténticas y bien conservadas frente al turismo, no por otra razón que por estar aislada de las rutas marítimas y, por tanto, mal comunicada. Ahora tiene aeropuerto: Q.E.P.D.

Alguien dijo que no se elige el lugar de nacimiento, pero sí podemos elegir el destino de nuestros viajes y viajar a lugares que nos enamoran, obligándonos a volver una y otra vez; quizás sea por la sospecha de que ocultan lo que estamos buscando.

Según Claudio Magris, no hay viaje sin que se crucen fronteras: políticas, lingüísticas, sociales, psicológicas, incluso las invisibles entre un barrio y otro. *¿Dónde está la frontera?*, le pregunta Saramago a los peces que ora nadan en el Duero, *ora en el Douro*. Señala también Magris en *El Infinito Viajar* que viajar es un continuo preámbulo, un preludio de lo que está por venir. El viaje comienza cuando se prepara, cuando se lee algo sobre el lugar a visitar. Literatura y viajes, siempre unidos indisolublemente desde Homero hasta nuestros días. El viajero danubiano —que tan bien describe la *Mitteleuropa*— nos dice que: hay lugares que fascinan porque parecen radicalmente diferentes y otros que encantan porque, ya la primera vez, resultan tan familiares, casi un lugar natal.

La literatura de viajes nos incita a viajar, nos educa y nos prepara, nos hace ser permeables en los lugares visitados. El viajero-lector se mezclará, compartirá, comulgará con y en esos lugares. Se dará cuenta de que hay parajes que hablan y otros callan; mirará al mundo con curiosidad y cuando ya cansado y débil no pueda seguir viajando se convertirá en un *Ulises en batín*, término acuñado por Bergamini.

Desde la *Odisea,* de Homero, hasta *2001: una odisea espacial,* de Clarke, han sido muchos los escritores viajeros. A mí me han impactado no sólo *El Danubio*, también, y antes, *El tiempo de los regalos*, de Patrick Leigh Fermor, quien, a los 19 años, viajó de Londres a Estambul. Yo también tuve mi tiempo de regalos con dieciocho años, recorriendo ocho países de Europa, con menos mérito que Fermor, ya que él lo hizo solo y andando, y yo, en un escarabajo y con dos amigos, pero esa es otra historia. También *El afinador de Pianos,* de Daniel Mason, que nos cuenta cómo, en plena época victoriana, un experto de una marca de pianos es enviado a Birmania para afinar uno de estos instrumentos. Aquí, una vez más, es el viaje y no el destino lo que interesa. En la *Odisea* también es el viaje y no el destino, ya que el destino es el regreso: *es el viaje circular y no lineal* —otra vez Magris—.

No me quiero olvidar de nuestro querido Brenan como ejemplo de buscador de paraísos: el destino buscado aparece como paraíso antagonista a su vida londinense. Brenan, que arrastró a Yegen al grupo de Bloomsbury, es un ejemplo de buscador de paraísos y pelador de berenjenas. *Al Sur de Granada* y *Limones amargos*, de Durrell, son textos que describen la búsqueda del paraíso: *Los viajes…. Surgen en forma espontánea de las exigencias de nuestra naturaleza y los mejores nos conducen, no solo hacia afuera, hacia el espacio, sino también hacia dentro. Los viajes pueden ser una de las formas más compensatorias de introspección* (L. Durrell).

Chris Stewart lo intentó con menos éxito literario en sus libros sobre las Alpujarras: *Entre limones*, *El loro en el limonero* y *Los almendros en flor.* No están a la altura, pero sí albergan cierta gracia y, desde luego, representan la ruptura y la búsqueda interior.

Viaje sin mapas, de Graham Green, recorre la República de Liberia en 1935, una de las zonas menos conocidas de África, en la que aún existían caníbales. Viajó sin mapas y quiso emular a Conrad, viajando al corazón de las tinieblas. Eso sí, Green viajaba con veinticinco porteadores, tienda de lujo y vajilla victoriana, como buen británico colonialista. Conrad fue emulado también por Francis Ford Coppola en

Apocalypse Now, internándose en el corazón de las tinieblas del sudeste asiático: otra *Odisea* sin seguridad de regreso.

Tampoco podemos olvidarnos de Bruce Chatwin: *La vida es un viaje que hay que recorrer a pie*. Este británico es un referente en la literatura de viajes: *¿Que hago yo aquí?* y *En la Patagonia* son dos obras de acertada prosa y aguda mirada.

Según Almarcegui (periodista, escritora y viajera), es en el Romanticismo cuando el viaje deja de ser geográfico, comercial, o de investigación para convertirse en literatura de viajes. El relato se transforma en la condición primordial del viaje, en lugar de en el resultado. Se viaja para escribir.

Otro azote de estos paraísos cercanos es la industria cinematográfica. Cuando una producción alcanza las cotas de popularidad de, por ejemplo, *Mamma mia,* es inevitable la peregrinación borreguil a los *sets* de rodaje. Existe la creencia de que *Mamma mia* se rodó en Skópelos, una de las islas Espóradas, cuando allí, en realidad, solo se rodaron un par de escenas; sin duda, estamos ante una hábil maniobra publicitaria. Afortunadamente, los turistas de escenarios no saben que la mayor parte se rodó en el monte Pelión, del que hablaremos largo y tendido y que se encuentra cerca de esta isla.

La preciosa isla de Amorgós ha sufrido igualmente la maldición cinéfila, debido al rodaje de *El Gran Azul*. Es cierto que tanto el azul de sus aguas como el monasterio colgado del acantilado merecen una visita, pero no tantas.

En Creta aún no se han puesto de acuerdo sobre en qué playa bailó Zorba —parece ser que fue en la de Stavros—, aunque en lo que sí estamos todos de acuerdo es en que el personaje de Kazantzakis representa como nadie ese hedonismo árabe y mediterráneo. Ninguna discrepancia en el reparto de la película, Anthony Quinn es, sin duda, el más idóneo y encarna de forma inigualable esa alma griega rebelde, imaginativa, luminosa y alegre.

En Meteora también se han rodado películas, desde *Solo para tus ojos*, de la saga de James Bond, hasta *Juego de tronos* (la fortaleza Nido de Águilas), y los frikis de esta serie han peregrinado a esta región singular.

No solo el cine ha utilizado estas islas como inspiración; también grandes novelas como *El mago*, de John Fowles, y su isla enmascarada (Phraxos). Se cree que fue la isla de Spetses la que sedujo e inspiró a Fowles y que Nicholas era, en realidad, Patrick Leigh Fermor, quien anduvo por esa isla enseñando inglés. *La isla de la mujer dormida,* de Pérez Reverte es otro ejemplo, y muy reciente, de estas pequeñas islas escondidas. *La isla olvidada*, de Luis Ferrés, merece una lectura para entender la historia, a veces cruel, de estos paraísos escondidos.

Por otra parte, hablaremos de una isla que fue escenario de una de las más bellas películas rodadas en Grecia: *Mediterráneo,* Oscar a la mejor película extranjera en 1992, rodada en una alejada isla cerca de Chipre llamada Kastelorizo, que nunca aparece en los mapas de las islas griegas, salvo a veces con una flecha que señala hacia oriente.

Con este libro pretendo dar a conocer lugares que me han emocionado: tabernas donde he llorado frente a una ensalada griega; pequeños hoteles agradables y sencillos; habitaciones en casas particulares; o apartamentos limpios, blancos, baratos, junto al mar. Bañarse en solitario en una playa de arena blanca en el mes de agosto; oler a sentina de barco en una taberna en el dique del puerto y a ese penetrante olor de las redes de pesca, comiendo un pescado recién capturado. Observar a los griegos en las tabernas moviendo el *tusbih* —pequeño rosario turco— mientras beben un espeso café griego y entender lo que dicen, aunque el viajero no hable griego: todo esto forma parte del paraíso, del destino soñado y de otra forma de entender el viaje. Viajar alarga la vida.

Las Iglesias y los Monasterios también componen este rico mosaico. La religión, tan presente y constante. Tomar un *ouzo* junto a un *pope* y observar el cariño y respeto que se le profesa. Ver cómo visita a los vecinos que pasan un mal momento o que llevan tiempo sin aparecer por la Iglesia. Los griegos, cuando tienen un problema mental, no van al psiquiatra: se encierran una temporada en un Monasterio a meditar; para el griego no existen los problemas de salud mental que no sean, en última instancia, un problema religioso. Recientemente he sabido que el actor Mel Gibson se ha retirado a meditar y buscar inspiración para su nueva película al Monasterio de Hilandar (Chalandariu), uno de los veinte que existen en Monte Athos y perteneciente al gobierno Serbio. Esperemos que esto no se convierta en una moda para Hollywood y tengamos, cada dos por tres, actores o directores instalándose en uno de los lugares más vírgenes y misteriosos del mundo, en el que seguramente serán aceptados a cambio de donaciones. No obstante, la singularidad de su exclusividad masculina lo hace difícil.

Monasterios hay para regalar, no solo en Monte Athos —del que hablaremos más adelante—, también en Meteora, que merece una mención dentro de la Grecia continental. En cada isla o paraje, el viajero puede encontrar monasterios de gran belleza y pequeñas iglesias de VPO, no más grandes que un cuarto de baño, en lugares increíbles.

La gastronomía es, sin duda, un excelente motivo para viajar a estos paraísos. Ya en la *Ilíada* se detallan los banquetes a base de cerdo y carnero asados al espeto, con los que los soldados reponían fuerzas para la batalla. En el siglo VI antes de Cristo, el calendario de Aniano supuso el origen de la literatura gastronómica. En este calendario griego se mencionan muchos platos, indicando el mejor tiempo para ser consumidos. No es reciente la cocina griega. Aquí, todo lo que se menciona derrocha siglos de historia.

La ensalada griega, gran monumento al Mediterráneo; la *taramasalata*, un derroche de imaginación e improvisación digno de Ferran Adriá; las *dolmades*, que hay que buscarlas caseras y no de lata; la *moussaka*, de origen turco; el *tzatziki* ,etc., y sin olvidar una *retsina* bien fría, embotellada, y no en lata como si fuera un refresco; el *ouzo*, del que proviene nuestro anís ; el *arakí* o «leche de león», para marineros curtidos en mil singladuras, para gargantas que conservan el rumor de alta mar.

Donde el viajero puede disfrutar de una cocina griega memorable es descubriendo los guisos caseros, prescindiendo de las cartas, que siempre muestran lo mismo, dejándose llevar a la cocina y destapando cacerolas: guisos de pulpo o de judías y habichuelas; mirando a la cara a pescados recién llegados; oliendo estofados de cordero con miles de especias; cabras cocinadas que parecen lechales. Se trata de una cocina transmitida de padres a hijos con muchos siglos a la espalda… Mucha cultura.

Los griegos son, con bastante certeza, los más parecidos a los españoles y, en concreto, a los andaluces, a distancia de los italianos. Gesticulan con manos ágiles, pero no con la teatralidad de los italianos, sino para que se les entienda; y, desde luego, se les entiende. Esa mezcla fenicia y árabe compone una singular personalidad en la que sobresalen tanto el hedonismo árabe como el mercantilismo fenicio. Tres son las coordenadas que rigen la vida de los griegos: el placer, la cultura y la religión. Las horas —ganadas, que no perdidas— que un griego emplea en la taberna, pensando, charlando, y a veces comerciando, me recuerdan a los bares de mi pueblo, a las terrazas en verano con el botijo cerca. Son comunicativos, son fenicios: siempre te invitarán a una copa o a un postre el primer día que vayas a un restaurante, ya que se quieren asegurar de que vuelvas. También es frecuente que el dueño se siente en tu mesa y te pregunte cuentos días vas a estar y si ya tienes alojamiento; todos tienen alguna habitación disponible.

Durrell decía que un griego es feliz con un martillo y un cincel; yo añado: y después tomando un *ouzo* en la taberna, a veces acompañado de una pata de pulpo a la brasa, a modo de aperitivo. Las mujeres viven aún en otro siglo: pasan por la taberna y saludan al marido con una sonrisa, pero no se atreven a dirigirle la palabra, mucho menos a entrar. Manos, el dueño de un restaurante de Simi, me dijo que una mujer nunca le pregunta al marido a qué hora vuelve.

La cultura la llevan en el ADN: son muchos siglos de ventaja y mucha filosofía derramada por estos templos y ágoras. No existe un pueblo más sabio y culto. Lacarrière cuenta que observaba a dos niños jugando en la playa con un pequeño cangrejo que habían capturado; uno de ellos preguntó cómo estaba el cangrejo y el otro respondió: *Caronte palevi* (luchando contra Caronte); es decir, agonizando. No existe otra lengua más culta que el griego moderno, en la que reconocemos palabras como *extasis* (parada) o *exodus* (salida); y tampoco existe una zona en el mundo donde convivan tanta mezcla de culturas como en el Mediterráneo. Baste decir que en una orilla se escribe de izquierda a derecha y en otra de derecha a izquierda. Los griegos son, posiblemente, el pueblo más culto del Mediterráneo, lo que equivale a decir del mundo. Europa (hija de Aegenor y madre de Minos, raptada por Zeus travestido en toro) nació entre estas calas de aguas turquesas rodeadas de cabras y de higueras y seguro que se alimentaba de ensalada con queso agrio. Europa ha sido secuestrada nuevamente por alemanes y franceses… unos advenedizos.

Helena, nacida de un huevo, fruto del amor engañoso de Zeus —esta vez en forma de cisne— con Leda, también anduvo por estos parajes mostrando su belleza y enamorando primero a Menelao y luego a Paris: amor maldito que dio origen a una guerra y a muchos miles de muertos (*cherchez la femme*). Helena sobrevivió y volvió con Menelao, e incluso ayudó a Telémaco a buscar a su padre, Ulises.

Lo de pelar berenjenas no es más que un guiño a la película de Gabriele Salvatores, *Mediterráneo*, en la que se produce un mágico encuentro, sin preguntas, después de muchos años. Es el símbolo del retiro a paraísos donde envejecer relajadamente, pelando berenjenas. Se entenderá mejor cuando se lean los comentarios sobre Kastelorizo.

El lector echará en falta el Peloponeso, y cuento con su indulgencia. Deberá entender que encierra mucha enjundia y que merece un tratamiento aparte. El que fuera hogar de mi admirado Patrick Leigh Fermor, si Dios nos da salud, será tratado como lo que es: el área más bella y con más historia de Europa, la cocina de la Historia.

Todas las fotografías que se publican en este libro pertenecen al autor, que es un simple aficionado; por ello conviene pedir disculpas por los muchos fallos técnicos que, sin duda, descubrirán los entendidos.

Una isla griega, y el lugar más placentero que jamás contemplaron nuestros ojos para el ejercicio de una vida solitaria y contemplativa.

Anthony Sherley and His Persian Adventure, 1601.

LAS PEQUEÑAS CÍCLADAS

CÍCLADAS O CÍRCULOS QUE FORMAN unos con otros. Círculo alrededor de la que en el período *Arkaiko* era la isla más importante: Delos, donde estaba el santuario de Apolo y que constituía el centro religioso del archipiélago. Hoy día, Delos está deshabitada y se visita solo para conocer sus templos. Es una isla sagrada donde nació el dios Apolo y la diosa Artemis. Una historia turbulenta de saqueos e intereses religiosos provocó que la población abandonara esta isla. Es interesante para los amantes de ruinas griegas.

Las más populares, como Santorini y Míkonos, son de sobra famosas. También lo son otras de gran superficie, como Naxos, que sirve de enlace aéreo para cualquier destino. Se pueden recorrer las Pequeñas Cícladas en grandes barcos que hacen escala en ellas, pero no atracan, sino que se acercan al pantalán y sueltan la rampa sin parar el motor, con lo que el viajero se mojará los pies completamente y bajará así a la escala o puerto de la isla. Lo mejor es usar el *Skopelitis*, un pequeño barco muy marinero que se mueve más que un cascarón y que debe estar pronto a jubilarse. El *Skopelitis*, entre gallinas, ovejas y vómitos del personal, si el mar está un poco movido —que suele estarlo al alejarse de las costas—, recorre ininterrumpidamente estas pequeñas islas a un precio muy asequible, y es donde se vive una inmersión en la Grecia profunda.

Estos pequeños paraísos recibirán al viajero con varias señoras alineadas en el puerto mostrando sus alojamientos: casas particulares donde ocupar una habitación o pequeños apartamentos. En las fotos no se muestra la ubicación, por lo que hay que asegurarse del lugar al que llevarán al viajero, ya que pueden estar a varios kilómetros de la civilización y, por tanto, de una taberna donde desayunar o comer. También a una altura considerable, y las subidas andando —más que las bajadas— se hacen muy largas.

Todas las incomodidades que pueden surgir están compensadas con las playas solitarias o las tabernas donde reponerse.

En estas pequeñas islas se pueden alquilar bicicletas o motocicletas, no otros vehículos, y el parque de taxis suele limitarse a uno o dos automóviles; no hay problema, porque tampoco hay mucha demanda. Para visitar las playas solitarias, otra opción es preguntar en el puerto o escala por un barco que te lleve y luego te recoja. Conviene asegurarse de que exista alguna taberna abierta o de lo contrario proveerse de agua y un *tente en pie*.

DONOUSA

Muy cerca de Naxos y muy lejos del turismo de masas se encuentra este pequeño paraíso. Recibe su nombre de Dionisio, dios del vino, y es el lugar en que Teseo abandonó a Ariadna, quien se convirtió precisamente en amante de Dionisio. Se trata de una isla montañosa, llena de cabras y poca vegetación, aunque con unas playas solitarias que bien merecen una visita. No solo el *Skopelitis* atraca en esta isla; también los grandes ferris procedentes de El Pireo se acercan y con los motores en marcha, bajan la pasarela... y a mojarse. El aguaje que provocan en las pequeñas embarcaciones atracadas, a veces, lleva a incidentes no deseados, pero el ferri sigue su tónica sin importarle demasiado las protestas. Recuerdo como un armario de dos cuerpos, de unos ciento veinte kilos, saltó de un pequeño pesquero al muelle y corriendo en dirección al ferri, gritaba *malaka, malaka*; para cuando llegó, este ya había levantado la pasarela. Luego supe, tras consultar un diccionario, que lo que le gritaba era: ¡loco estúpido!

En el mismo muelle está la única cafetería de la isla para desayunar y, a pocos pasos, una panadería donde comprar pan recién hecho y pasteles locales deliciosos. La vida de Stavros —que así se llama esta población principal y única; lo demás son pequeños núcleos diseminados— transcurre en esta cafetería del puerto. Desde allí parte el

único taxi de la isla, que te llevará a las playas más alejadas, o el barco *Donousa Messina*, que también recorre las playas y las cuevas que no pueden faltar en ninguna isla. Mientras desayunas, puedes ver, a apenas diez metros, la descarga del pescado de quienes han madrugado, e incluso comprar alguna pieza si dispones de cocina en tu alojamiento. Lo mejor es ir al restaurante *Captain George*, donde el pescado es fabuloso y a buen precio.

La mejor experiencia en Donousa es contratar al taxi para que te lleve a la playa de Kalotantissa, en el lado opuesto a Stavros. En verano hay abierta una taberna con teléfono, por lo que, cuando quieras volver, ellos llamarán de nuevo al taxi. Es una playa grande de arena con aguas de foto y otra más pequeña, a la derecha, con guijarros, donde se puede hacer nudismo. Lo verdaderamente asombroso es que en pleno mes de agosto uno puede disfrutar de ambas playas en soledad.

A la hora de la comida es inútil intentar entenderte con la dueña de la taberna: ella te cogerá de la mano y te llevará a la cocina,

donde encontrarás cacerolas humeantes y pescado recién traído por su marido. Aquel maravilloso día tocaron caballas, a la plancha, las más frescas y sabrosas que he comido.

De camino a esta playa se puede visitar la iglesia de Agia Sophia, con unas vistas de postal y rodeada de cabras que se protegen del intenso sol a la sombra del templo. Parecen amontonadas para aprovechar el escaso espacio.

Otras playas para visitar son Kechos, a la que se puede ir caminando desde Stavros, algo más concurrida, y la de Livadi (nudista), más frecuentada. A las diez de la noche solo queda abierto un bar junto a la playa, protegido por varios plátanos, donde tomar una copa acompañado por la brisa fresca y serena del Egeo.

KINOUSA (Schoinousa)

SEGURAMENTE, POR SUS PLAYAS Y su situación —bien comunicada—, le queda poco para ser invadida por las turbas turísticas. Mersini, su puerto, te recibe amistosamente como puerto natural. Las aguas son tranquilas y, en una playa justo al lado, se bañan los lugareños en los días de calor. Algunas mujeres se bañan vestidas, como en algunos lugares de España hace cincuenta años.

A poco más de un kilómetro está Chora, la capital, y, si no se ha tenido la suerte de encontrar al taxi en Mersini, hay dos opciones: la primera, esperarlo en la taberna del puerto, lo que puede suponer varias horas; y la segunda, subir andando hasta Chora, aunque es probable que algún vecino te recoja en la carretera y te ahorres la subida. Una vez allí es fácil encontrar alojamiento a buen precio. No se alquilan coches, pero sí ciclomotores o *quads* y es importante hacerse con algún vehículo para poder visitar las espléndidas playas de esta isla. Merini, Livadi, o Liolio son algunas de las playas soñadas y que, prácticamente desiertas, esperan al viajero. También Psili Ammos, a unos dos kilómetros al norte.

Si se quiere disfrutar de un retiro al borde del mar, en una magnífica y solitaria playa, hay que ir a *Lioliou Beach Hotel,* en la playa del mismo nombre.

Para una cena glamurosa y típica, lo mejor es reservar en el restaurante *Nicholas*, en el puerto, o en *Capitan Cook*, donde se reúne el poco turismo de la isla que se lo puede permitir, teniendo en cuenta que lo caro allí para nosotros es barato. Para opciones más económicas y no menos satisfactorias, hay que sumergirse en alguna taberna de Chora e incluso acercarse a Messaria, población del centro de la isla desde donde se divisaban los piratas. Un sitio muy recomendable para sentarse en el exterior, en pequeñas sillas y mesas celestes, con ambiente marinero y donde tomar una cerveza o picar algo, es *Kafeneio Chara*.

Skinousa dejará al viajero con el sabor de la antigua Grecia, o de la antigua España. Ver por la noche a las familias sentadas al fresco, en las puertas de sus casas, charlando con los vecinos y tomando alguna cerveza o refresco, es volver a los pueblos de España en los años cincuenta.

KUFONISI O KUFONISIA

ALGO MÁS TURÍSTICA QUE LAS anteriores, Kufonisi ofrece un abanico de playas de arena difícil de encontrar en estas islas. El alojamiento es aconsejable en los alrededores del *puerto*, donde transcurre la vida social: aquí no hay una escala y luego una *chora*; todo está en el puerto y a tiro de piedra. Ano Kufonisi, que así se llama esta población, es cómoda y entrañable.

Las playas espectaculares hay que descubrirlas en bicicleta (si se tienen buenas piernas) o en un barco que recorre la costa a modo de autobús: se puede ir y volver a cualquier hora razonable. Conviene continuar hasta el final y llegar hasta la bahía de Panalia Pori, una gran herradura con unas playas deslumbrantes. Por el camino se pueden ir conociendo otras también merecedoras de una parada, como Paralia Itálida o Paralia Finika.

En cuanto al al*ojamiento, una* buena opción es *Anna Villas*, cerca del puerto, y para cenar el Capitán Níkolas, que tiene barco y, por tanto, buen pescado.

Es obligado preguntar en el puerto por los barcos que llevan a Kato *Kufonisi*, un islote casi deshabitado con idílicas playas solitarias y una taberna, *Venezos*, que representa la más recóndita joya escondida de estas islas.

Es curioso observar cómo trasladan, en barco, a las cabras a islotes cercanos para que pasten y, transcurridos unos días, las vuelven a traer, cargándolas a hombros.

ΛΙΜΑΝΙ
ROOMS TO LET
SEAGULL

NORTE DEL DODECANESO

Se trata de una isla grande, diversa, con playas de ensueño y lugares escondidos por descubrir, por lo que es imprescindible alquilar un vehículo. Samos es la cuna de Pitágoras y del vino. También de la diosa Hera. El del Teorema ha logrado más reconocimiento que los caldos producidos en la isla, que son imbebibles. Es incomprensible que hoy día los enólogos no hayan conseguido producir algo digno en Samos, cuando en tantas otras partes nos sorprenden con vinos aceptables en lugares donde no parecía haber futuro vinícola. Esta no es solo mi opinión, Estrabón se hizo eco de lo mismo siglos atrás. Su vecina Icaria, por el contrario, produce mejores vinos.

Samos y Kastelorizo son las dos islas más cercanas a la costa turca, apenas una milla de distancia. Conviene evitar en lo posible la ciudad de Vathi, capital de la isla, ya que es tan antipática y escasa de interés como Heraklión (ver Creta).

La isla tiene dos puertos: el antiguo, de nombre Pitagoreo, por razones obvias, y el moderno, donde atracan los ferris. El puerto antiguo es ideal para comer en alguna de sus tabernas y no dejará indiferente al viajero.

Una vez conseguido un vehículo, el viajero debe explorar la isla y descubrir gratos rincones donde descansar. Mi playa favorita se encuentra al Norte: Megalo Saitani, una enorme extensión de arena que suele estar tranquila y con aguas transparentes. Otra opción es *Murtia Beach*. Livadaki es preciosa, pero suele estar muy concurrida.

Desde el puerto de Pitagoreo se puede coger un barco a la pequeña isla de Semipoula y disfrutar de un día en una playa salvaje y solitaria (esto lo sé por recomendación, ya que no hice esta excursión por falta de tiempo).

El alojamiento en Samos es muy variado, desde *resorts* lujosos con *spa* hasta pequeños hoteles con encanto, como *My Samos Villas,* cerca del puerto de Karlovasi, algo descuidado, pero compensado con unas vistas espectaculares. Lo ideal es recorrer la isla descubriendo lugares solitarios, seguramente memorables, así como pueblos idílicos en las montañas del interior, que los hay.

Para los viajeros cultos existen varios los museos que visitar; muy recomendable es el Museo Arqueológico, en el que ver el mayor *kourós* que se ha conservado hasta nuestros días, con sus cinco metros de altura. El templo de Hera, en Heraión, al sur, en Kampos Choras, también merece una parada.[1]

---

[1] El templo de Hera lo mandó construir Polícrates, culpable de que Pitágoras abandonara Samos en desacuerdo con su régimen tirano. El filósofo y matemático se trasladó a Crotona con su corte de Pitagóricos, quienes guardaban secreto de sus enseñanzas y se ganaron, no solo las antipatías, también el odio, de los que no participaban de su círculo o secta. El término esotérico deviene de los que aprendían del maestro en su círculo más íntimo, el resto eran exotéricos. Finalmente, Pitágoras se dejó morir tras cuarenta días de ayuno en el templo de las Musas de Metaponto, según Porfirio de Tiro. Según Diógenes Laercio, un noble de Crotona que no había sido admitido como Pitagórico, por su carácter violento incendió una de sus escuelas y el maestro fue prendido y degollado. (*Vidas de Pitágoras*, de Hernández de la Fuente).

ICARIA

DÉDALO, CONSTRUCTOR DEL LABERINTO DEL palacio de Cnosos, en Creta, y su hijo Ícaro se encontraban retenidos por el rey Minos. Ambos querían huir, pero Minos controlaba la tierra y el mar, por lo que la única manera de escapar era por aire. Dédalo construyó unas alas, para él y para su hijo, uniendo plumas de pájaro con cera, con el fin de volar y fugarse. El padre advirtió al hijo que no volara alto, ya que el calor del sol podría derretir la cera y arruinar el invento. Ícaro, una vez atravesadas las Cícladas, se elevó para ver el sol de cerca y la cera se derritió, dejando las alas inútiles. Ícaro cayó en una isla cercana a Samos, a la que llamaron Icaria.

No parece muy razonable que pudiera volar, y mucho menos a una distancia tan considerable, pero en la mitología nada es sensato ni proporcionado.

Icaria es una isla salvaje, de una belleza notable, con una vegetación que sorprende al viajero por su frescura y variedad. Al llegar al puerto de Agios Kirikós, el perfume y la paz que se respiran presagian un paraíso natural incontaminado. El puerto se encuentra al oeste de la isla y, si queremos conocer playas, habrá que desplazarse al este, lo mejor con un coche alquilado, ya que las distancias son importantes y las

carreteras de montaña ofrecen, eso sí, unos paisajes increíbles y una vegetación asombrosa.

Una vez llegado a Karavostamo y Evdilos, la costa aparece luminosa y las playas se suceden con instalaciones turísticas hasta Paralia Mesaki, donde encontraremos lugares tranquilos, pensiones y hoteles donde disfrutar de esta isla seductora. Una opción lujosa es el *Cavos Bay Studios*, en un promontorio rocoso con todas las comodidades. Más asequible y no menos satisfactorio es el *Erofili Beach*, con vistas a la espectacular playa de Armenistis. Para comer con vistas al mar: *Hiden Icaria* y *Arsatcha*.

Icaria tiene uno de los índices de longevidad mas altos del mundo. Lo normal es que se superen los cien años de vida. En Mesaki coincidimos con un equipo de la televisión rusa que rodaba un reportaje sobre la longevidad en la isla, tratando de descubrir las razones de este beneficioso enclave. Al parecer, a la falta de contaminación y estrés se une el agua, que contiene propiedades saludables. Las aguas termales en los alrededores de Agios Kirikós dan testimonio de los muchos veneros y manantiales de donde brotan aguas subterráneas. Según los estudios realizados, sus residentes viven ocho años más de media que los estadounidenses, tienen la mitad de la tasa de enfermedades cardíacas y casi ninguna demencia.

Otra razón de la alta esperanza de vida en la isla es, sin duda, la alimentación. El desayuno en Icaria consiste en aceite de oliva, miel, pan integral, aceitunas, queso de cabra y unas gachas hechas con *trahana* (sémola antigua muy nutritiva). No en vano está en el *top 5* de los lugares con mejor calidad de vida del mundo. Un dato curioso es que, cuando se instauró en Grecia el régimen de los coroneles, muchos intelectuales y artistas disconformes con el régimen militar se exiliaron a esta isla.

La alimentación, en general, es absolutamente mediterránea: grasas saludables, fibra y alimentos integrales ricos en nutrientes, además de mucho pescado y poca carne. El vino tinto, a diferencia de Samos (donde se cree que nació), se puede beber.

LAS FOURNI

Vivir en uno de estos paraísos supone dejar vagar el alma, mientras se esperan los lánguidos atardeceres.
Arturo Pérez Reverte.

EN KUFONISI, ENERITZ Y YO conocimos a una pareja de griegos amantes, como nosotros, de lugares relajados y fuera de los circuitos turísticos. Nos recomendaron uno de los secretos mejor guardados por los «buscadores de paraísos»: las Fourni.

Son un pequeño archipiélago compuesto por tres islas: Fourni Korseon, la isla principal; Thymaina, algo más pequeña y Agios Minas, la tercera, un poco más alejada y, hasta el momento, deshabitada y antiguamente refugio de piratas.

Cuando nuestros amigos griegos mencionaron estas islas, nos advirtieron de que era difícil encontrar alojamiento, no por mucha demanda, sino por escasez de oferta. Nos dirigimos a este paraíso bien pertrechados con nuestras mochilas, que incluían sacos de dormir por si teníamos que dormir en la playa.

Al llegar a la isla principal y bajarnos del barco, a la izquierda del puerto, encontramos un precioso hotelito con arcos de piedra, limpias y agradables habitaciones y una terraza-bar donde desayunar: el *Archipielagos Hotel*. Nuestros temores de dormir en la playa se disiparon rápidamente al saber que tenía habitaciones libres. A cincuenta metros del hotel hay

nos pareció más auténtica y nos llevamos una gran alegría: langostas a veinte euros el kilo. La componente fenicia no descansa, y la segunda vez que fuimos a cenar a *Miltos*, el dueño me invitó a ir con él a pescar langostas, lógicamente buscando la fidelización del cliente. Al final no fui, porque había que levantarse a las cinco de la mañana y no me desperté.

Las Fourni representan como ningún otro lugar el paraíso que nos ocupa: no es que haya alguna playa solitaria en pleno verano, es que todas las playas están para ti sin encontrarte a nadie. La única opción es alquilar una motocicleta y recorrer las desiertas carreteras con vistas inigualables, acercarse a la otra punta de la isla y conocer la playa de Kampi Chrisomilias y todas las que se encuentran por el camino.

Se debe visitar la isla de Timena o Thymaina, justo frente a la isla principal, y conocer la iglesia de Agios Dimitrios, la playa de Keramidou y disfrutar de sus tabernas a orillas del mar.

Las Fourni son un paraíso de paz y tranquilidad.

ALREDEDORES DE RODAS

EL NOMBRE DE LA ISLA se debe a una de las esposas de Poseidón, la ninfa Symi. Al llegar a Simi —de la única manera posible, en barco— lo primero que sorprende es la belleza y el colorido de los edificios neoclásicos que rodean el puerto de Gialos, como una roca llena de celdillas. Las casas de estilo veneciano y sus colores pastel denotan una gran inversión en su construcción y un alto poder adquisitivo. La razón no es otra que el hecho de que la isla tuvo la flota más grande del mundo dedicada a la pesca de esponjas. El poderío económico de la isla fue de gran importancia, pero también el número de ahogados o enfermos por descompresión. La loca carrera por esquilmar los fondos marinos resultó en innumerables tragedias. Afortunadamente, hoy en día, las soluciones artificiales han sustituido a las esponjas naturales, de modo que los fondos marinos han comenzado a vivir en paz.

Los pescadores ahora se dedican a la pesca de gambas de Simi, un pequeño crustáceo rojo de sabor dulce y exquisito que recuerda a las gambas de Soller, en Mallorca. Con estas gambas ocurre como con las gambas de Garrucha: la oferta es tanta que lo más probable es que procedan de viveros. En Rodas y en las islas cercanas aparecen en todas las cartas de los restaurantes. En cualquier caso, merece la pena degustarlas

hervidas o fritas en los restaurantes del puerto de Gialos, sobre todo en *Mano´s*, donde sirven el mejor pescado de y conocer a Mano, el Zorba de la isla, es fundamental. Se sentará en tu mesa, contará historias de la isla, te hará mil preguntas, reirá y hasta bailará si hace falta.

El alojamiento en Simi es variado, desde pequeños hoteles con encanto —algo caros—, como Pedi, en la bahía de su mismo nombre, hasta habitaciones confortables y con precios asequibles, como *Marbelias Rooms*.

Las playas de Simi son de gran espectacularidad, aunque situadas entre acantilados y en lugares poco accesibles, por lo que es necesario ir en

barco. Con todo, merecen la pena (no olvidar los escarpines). En el puerto, la playa de Agia Marina está muy solicitada.

El mirador de Panormitis ofrece una vista inolvidable y el cementerio cercano al puerto, sobre un acantilado, posee las mejores vistas que he conocido desde un cementerio. Desde las tumbas más altas que el horizonte se divisa un mar azul que termina en las costas de Turquía. Desde este promontorio el viajero recordará la canción «Mediterráneo»:

Y a mí enterradme sin duelo / entre la playa y el cielo. / En la ladera de un monte, / más alto que el horizonte, / quiero tener buena vista.

El Monasterio de Panormitis bien merece una visita.

ALIA, HERMANA DE HELIOS, DIOS del sol, tuvo varios hijos. El más joven, Tilos, vino a esta isla a recoger hierbas medicinales. Esto es todo lo que la mitología nos cuenta de este paraíso, y tampoco necesitamos más.

Lyvadia es el pueblecito de llegada del ferri (la antigua escala), y Megalo Chorio es el pueblo de interior con tres o cuatro calles y varias tabernas, en una de la cuales presumen de cocinar la mejor cabra. Como ocurre en muchas islas, la escala ha superado a la *chóra*.

Lyvadia es pequeño y cercano, como todos estos sitios: al primer día de pasear ya conoces a todo el mundo y, al cuarto, ya son íntimos amigos. Hay solo un taxi, lo conduce un tipo orondo y simpático que, además, atiende un bar y unos apartamentos, por lo que está siempre ocupado. El taxista conduce mientras habla por teléfono y, con la otra mano, va saludando a todo el mundo; se pasa miedo: a veces parece que maneje el volante con su descomunal barriga.

En Tilos no hay playas de arena: son de guijarros redondeados por el suave oleaje. Conviene llevar escarpines para la playa y bañarse en el agua más clara y limpia del Egeo.

A la derecha del puerto, mirando al mar, arranca un paseo marítimo solo para peatones y bicicletas, que va desgranando bares al borde del agua, pequeños restaurantes de pescado, alguna heladería... Al final, se encuentra *Lyvadia Beach Apartments*, unas edificaciones de dos plantas que albergan diez habitaciones con terrazas al borde del mar y con un pequeño restaurante. Efthimios dirige el hotelito con su familia y con una simpatía y trato entrañables. Su madre, Caterina, se encarga de la cocina del pequeño restaurante, en el que se desayuna y almuerza con los pies casi en el agua. La carta es muy reducida y con cuatro cosas elementales, pero Caterina prepara todos los días un plato que suele ser la mejor elección, casi como en casa. La cabra a la naranja es algo insuperable, de una suavidad inesperada.

En Tilos lo más recomendable es disfrutar de ese mar cristalino y de la cocina de Caterina, olvidarse de excursiones y abrazar el *dolce far niente*. Para la cena hay varios restaurantes de pescado buenos y baratos; el mejor es *De Michaelis* y está en el centro de Lyvadia: tienen barco de pesca propio y toda la familia trabaja allí. Luego,

La Gorgona dispone de una amplia terraza en un primer piso con vistas al puerto y buen pescado.

Cuando pasees por las pocas calles de Tilos verás un todoterreno con remolque lleno de fruta: compra alguna y descubrirás el sabor antiguo, de otra época, de huertas regadas a mano, de la auténtica y olvidada fruta.

Esto es todo, y desde luego suficiente, para descansar unos días en el paraíso.

Tilos es la isla favorita de mi hija Frida, porque allí, cuando tenía seis años, paseaba y jugaba con amigas locales con una libertad insólita para su edad.

CHALKI

CHALKI O HALKI ES UNA isla de poco más de trescientos habitantes, cercana a Rodas, por lo que suelen llegar barcos con turistas para pasar el día. Sin embargo, por la tarde, la tranquilidad inunda esta pequeña población, única en la isla. Al llegar, el viajero apreciará el colorido de las casas y el magnífico campanario de la iglesia Agios Nicholaos, que se eleva sobre la población dominante y sobresaliente.

Al igual que Simi, también se dedicó de manera desenfrenada a la pesca de esponjas, sufriendo la depresión posterior por falta de ingresos. Para saber más de este éxito y fracaso económico —que recuerda al descalabro sufrido en el Amazonas con el caucho— conviene leer La isla olvidada de Lluís Ferrés, donde se describe la situación padecida por varias de estas islas esponjeras.

En Chalki no hay playas deslumbrantes, pero el viajero se puede bañar en el puerto, en aguas cristalinas, usando escaleras de acceso. En el extremo norte del puerto hay unos apartamentos sobre el agua que permiten saltar al mar desde la terraza. En todo el pueblo hay callejones que desembocan en el mar, donde darse un chapuzón.

A un corto paseo en dirección sur hay una taberna, *Ftenagia*, con una pequeña playa donde disfrutar con más tranquilidad durante el día.

El alojamiento en Chalki es variado; lo más recomendable es alquilar un apartamento o habitación con escaleras al mar. Si se quiere algo más cómodo, el *Hotel Aretanassa* cumple con las expectativas más exigentes. *Villa Ftenagia* es un conjunto de apartamentos decorados con mucho gusto y a tiro de piedra de la playa del mismo nombre, muy tranquilos y a diez minutos andando desde el puerto. Conviene no olvidar la linterna si se regresa de noche.

YA SÉ LO QUE ME diréis: esto no es en lo que hemos quedado. Lo sé, pero no puedo resistirme a incluir un sitio mítico como Lindos. Durrell dijo que este lugar resuena con su pasado como un acorde musical que solo la mente percibe.

A sesenta kilómetros de Rodas, y después de sortear muchos hoteles y enclaves turísticos, aparece posiblemente el pueblo más bello de Grecia. Tan cautivador que es imposible mantenerlo como era, como fue en los setenta: refugio de hippies y músicos como David Gilmore, de Pink Floyd, y de otros que sucumbieron ante tanta belleza. Lindos tiene el aroma decadente que los lugares adoptan cuando ha pasado su época de gloria: retiro de hippies, noctámbulos y bohemios que se reciclan en tiendas de artesanía o en negocios de hostelería. Lo que no cambiará nunca es su belleza.

Es un pueblo que se desparrama por la falda de un monte con una acrópolis coronándolo: el templo de Atenea Lindia, construido en el 208 a. de C. En el siglo XIV, los caballeros de San Juan violaron el templo y lo arroparon con un castillo defensivo.

Un pueblo donde las calles son tan estrechas que no permiten la circulación de vehículos, solo de burros, sobre los que se sube al castillo. Callejuelas y edificaciones muy bien conservadas; muros enjalbegados;

una auténtica judería, hoy por desgracia llena de bares, heladerías, joyerías, etc. Una de las características de Lindos es que todos los restaurantes tienen terraza en la azotea, por lo que en verano se convierte en un espectáculo cenar viendo el castillo iluminado y casi tocando a los de la terraza de al lado.

Recomiendo ir a Lindos —la Ibiza griega de los setenta— fuera de temporada, en mayo u octubre, y disfrutar de este enclave sin demasiada gente. El *Hotel Aedanos*, para carteras poderosas es una maravilla; para el resto, los cientos de *bed and breakfast* que existen en el interior del pueblo. Al llegar, hay una placita donde aparcar con suerte y los burros esperan, cual taxis, para llevar al cliente y sus maletas.

Las playas que rodean Lindos son dignas de conocer… o lo eran. La playa de San Pablo, donde a la derecha se encuentra la ermita del santo, es de una belleza sin igual; lástima que ahora tenga un restaurante a la izquierda y unas tumbonas a veinticinco euros el día. La de la propia Lindos, muy concurrida y con varias tabernas en la playa, ofrece unas vistas inigualables al pueblo y al castillo. Jamás olvidaré una sobremesa con esta espectacular postal frente a mí y los pulpos colgados en las cuerdas de la taberna.

Del resto de la isla, olvidaos.

SUR DE CRETA

CRETA ES UN CONTINENTE, COMPARADO con las pequeñas islas que hemos escogido. Creta es la isla de Zeus, que nació en el monte Ida, y donde su madre, Rea, lo escondió en una cueva para que no lo devorase su padre, Saturno. También es la isla de Minos, rey de la civilización cretense; la de Teseo, hijo de Egeo, rey de Atenas, y que fue enviado a vencer al Minotauro; la de Ariadna, la amante abandonada. También de Ícaro, ya que de aquí partió su mortal vuelo. Además, muy cerca de esta isla surgió del mar Afrodita, aunque los chipriotas se empeñan en reivindicar una pequeña cueva cerca del mar como lugar de nacimiento.

Creta es la isla de los dioses. Dudoso título si tenemos en cuenta la caterva de impresentables que eran estos dioses. Zeus violó a su madre y yació con sus hijas, con musas y con muchas mortales. No se sabe quién se pasó por la piedra a más dioses y mortales, si Zeus o Afrodita, putón verbenero que no dejó títere con falo, nacida del mar en Citerea, muy cerca de Creta. Los chipriotas insisten en que surgió de la espuma de las aguas de la playa Petra tou Romiou. Afrodita se tiró a todo el Olimpo, incluso a Pan, que era un ser horroroso, medio cabra y medio hombre.

Los dioses eran perversos, malignos, caprichosos y con una gran incontinencia sexual. Saturno devoró a sus hijos y Cronos le cortó los testículos a Urano con una hoz. Rea (Cibeles) se enamoró perdidamente de su nieto Atis. Pasífae —esposa de Minos— protagoniza una de las historias más perversas y rocambolescas de la mitología: enamorada del gran toro blanco que surgió de las aguas de Creta —regalo de Poseidón a Minos—, estuvo tratando de copular con el animal sin éxito, hasta que Dédalo —constructor del laberinto— ideó una treta para satisfacer a la enamorada, que consistió en construir una vaca de madera cubierta de pieles y alojar a la libidinosa reina en su interior, de manera que el toro, al penetrar a la falsa vaca, le diera satisfacción a la reina con su enorme miembro. Así nació el monstruo del laberinto. Toda la historia o leyenda de estos seres inmorales está plagada de engaños y crueldades. Es como si alguna ciudad se otorgara el título de «La ciudad de los pederastas», y pretendiera estar orgullosa de ello. No obstante, hay que entender que nosotros lo vemos con la moral cristiana y, en la antigüedad, faltos de esa moral, atribuían a los dioses las perversiones caprichosas que los mortales jamás podrían intentar. Ese derroche de morbosidad era una cualidad que solo los dioses, seres superiores, podían «disfrutar», mientras los mortales continuaban con su aburrida vida.

La civilización de la Grecia antigua nació en Creta, que supo apropiarse de los descubrimientos de otras culturas, como la egipcia. Cuando Heródoto viajó por primera vez a Egipto, preguntó por qué la gente no hacía sus necesidades en la calle; le explicaron que los egipcios disponían de letrinas en sus viviendas.

Lawrence Durrell afirma que Creta es la más griega de las islas. Homero decía que Creta era la tierra de las cien ciudades. Los cretenses consideraban a los atenienses despectivamente como pastores de cabras.

Creta tiene dos puntos de acceso, en ferri o avión. Por el oeste, la urbe de los mil nombres: Canea, Chania, Khania, Hania. Esta ciudad tiene uno de los puertos venecianos más bonitos del Mediterráneo, lamentablemente atestado de turistas y de restaurantes dedicados al visitante. Pero merece la pena conocer sus estrechas calles, que desembocan en el puerto, y las grandes casonas, testigos de lo que un día fue este gran enclave y de su historia. Por el este, se encuentra Heraklión, una ciudad fea y antipática cuyo único mérito es estar a ocho kilómetros del Palacio de Cnosos. Si se quiere visitar el histórico palacio, hay que bregar con hordas de turistas enrojecidos que saltan de piedra en piedra. Al final, seguramente será decepcionante, salvo que se quiera obtener una foto para dar envidia al compañero de oficina o un vídeo para mostrar a tu cuñado en casa, mientras devora langostinos y, seguramente, los crustáceos le interesarán más que la cinta.

Lo único atrayente de Heraklión es su museo arqueológico, donde se encuentran las piezas más interesantes de Cnosos y Festos; sin duda, es el más importante de Grecia después del Arqueológico de Atenas. Se pueden contemplar varias estatuas de Afrodita y Poseidón; el disco de Festos; el famoso vaso en forma de cabeza de toro; e incluso una bella cabeza de Calígula que, de ser fidedigna, rivalizaría en belleza con su crueldad.

Cnosos, según Durrell, fue convertido por Evans en una ciudad insípida y de escaso gusto. Otros opinan en el mismo sentido, señalando que la restauración se le fue de las manos y que hay más de Evans que de la antigua civilización. Quizá no convenga estropear una bonita historia con la verdad.

Cerca de Cnosos, por una tortuosa carretera, se llega a Festos, palacio coetáneo de Cnosos y que, teniendo en cuenta que no se me da bien imaginar cómo eran estos monumentos antes de que quedaran totalmente arrasados, resulta algo decepcionante. Recuerdo que, como vulgar turista, compré una copia del disco de Festos, enigma aún no descifrado. Mi hijo, a la edad de diez años, se empeñó en resolverlo sin mucho éxito, aunque estuvo entretenido varias semanas y amenazó con convertirse en arqueólogo para lograrlo. Hoy se cree que podría ser un juego infantil, semejante a la oca o el parchís.

Después de varios viajes a Creta estoy convencido de que el norte de la isla no me interesa, y es una pena, dado su peso histórico. Por ejemplo, Rethimnó, otra ciudad que fue en su día estandarte de la isla, se ha convertido hoy, junto con Agios Nicolaos, en una sofocante bañera llena de timadores de turistas.

De lo que sí estoy convencido es de que me interesa, y mucho, el sur de la isla. Allí se encuentra, como en ningún otro lugar, el alma griega, viva y luminosa. En el sur están Kazantzakis, Alexis Zorba y todos aquellos parajes que uno imagina cuando por primera vez pisa este suelo. Miller decía que incluso las tierras baldías poseen un aire de eternidad.

Desde Chania, antes de llegar a Rethimnó por la E75, parte una carretera de montaña que comunica con el sur, la 42. Pronto aparecen las sierras calvas en las que Zeus jugaba en invierno con la nieve. Después de un intenso ascenso, comienza la bajada, donde pronto aparecerá el mar Líbico. Conviene llevar agua y gasolina, porque después del primer cruce se pierde contacto con la civilización, salvo en lo más alto, donde una pequeña taberna ofrece bebidas y poca cosa para comer;

no obstante, recuerdo haber comido allí los mejores huevos fritos con patatas de mi vida, en un aceite verde esmeralda. El menú consistía, precisamente, en huevos y queso agrio, nada más. La también retorcida carretera de descenso va abriendo el paisaje poco a poco a un mar calmado y brillante, prometedor, sin duda, de lo que acontecerá.

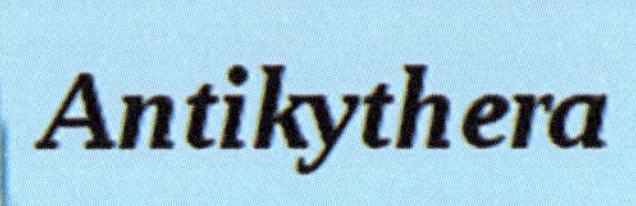
Antikythera
MEDITERRANEAN SEA
Spanta Cape
Chania
Bay
Kydonia
Chania
Kissamos
Crete
Almyros
Bay
Rethymno
Mount Pachnes
2 453 m
Mount Psiloritis
2 456 m
Krios Cape
Samaria Gorge
Hora Sfakion
Agia Galini
Agia Triada
Messara
Bay
Lithinon Cape
Gavdos Island
Libyan Se
N
Nw
NE
W
E
SW
SE
S

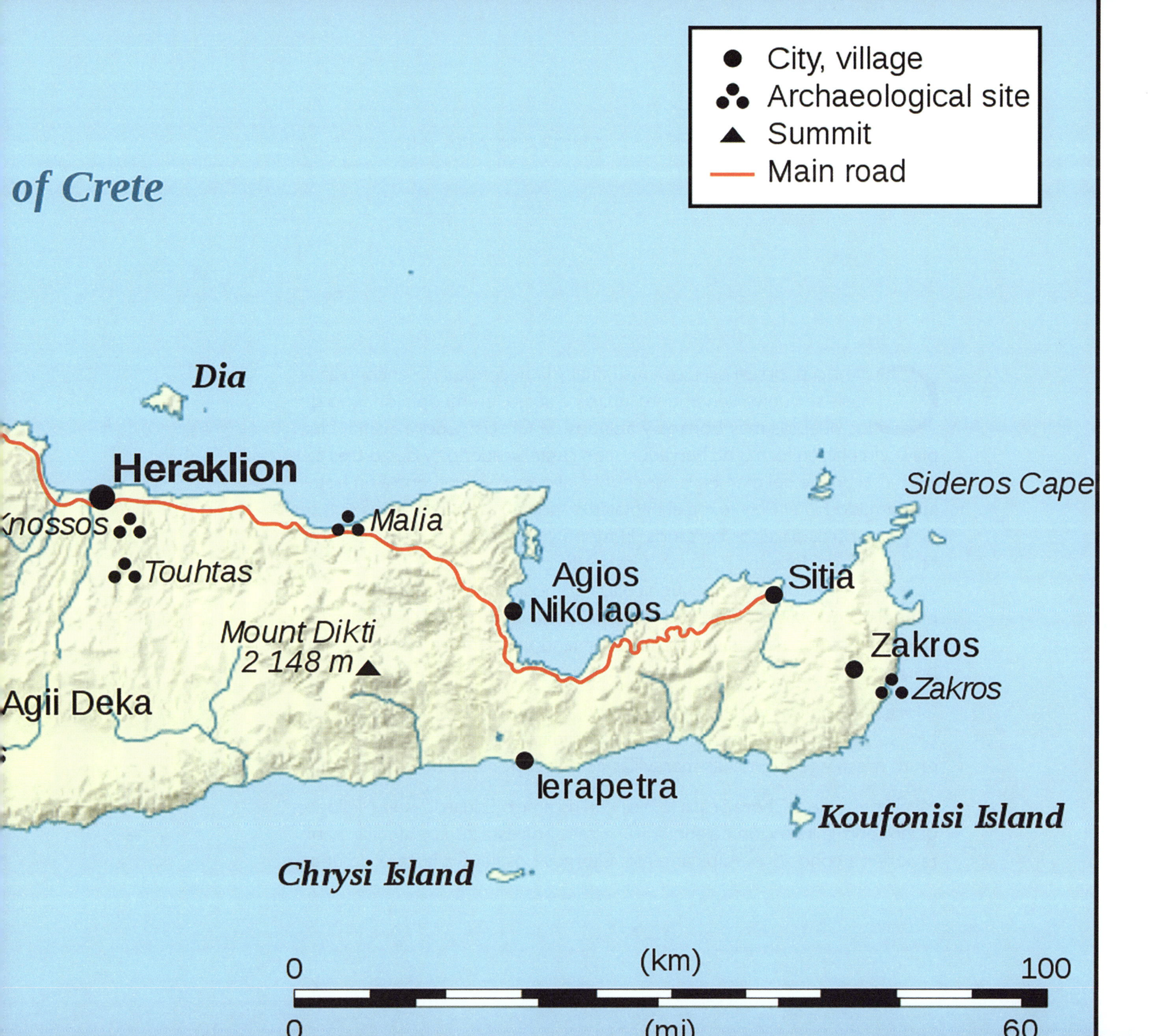

City, village
Archaeological site
Summit
Main road
of Crete
Dia
Heraklion
nossos
Touhtas
Malia
Agios
Nikolaos
Sitia
Sideros Cape
Zakros
Zakros
Mount Dikti
2 148 m
Agii Deka
Ierapetra
Koufonisi Island
Chrysi Island
0
(km)
100
0
(mi)
60

CHORA SCAFIA (Hora Skafion)

CUANDO EL DESCENSO LLEGA A su final y la necesidad de encontrar el oasis se vuelve vehemente, aparece abajo, en mi opinión, uno de los pueblos más bonitos y aislados de Grecia: Chora Scafia. Una playa circular en forma de herradura con casas alrededor y dos o tres tabernas al borde del mar. En la otra punta, al oeste, se encuentra un hotelito llamado *Hotel Chania*, en el pantalán donde atracan los barcos que se dirigen a otros paraísos cercanos. El monótono guitarreo de las cigarras se hace ensordecedor y, una vez instalado en ese único hotel, desde la ventana se descubre una pequeña playa arenosa al oeste, donde el baño inmediato es obligado. Mientras se disfruta de la pureza de las aguas del Líbico, se puede ver a las cabras manteniéndose firmes en posturas imposibles. Las cigarras continúan sin tregua.

Giorgos: propietario del hotel, es joven, hablador y simpático; en cambio, su pareja, alemana, no tanto. Enseguida se sienta contigo a charlar en tu mesa y te cuenta las maravillas cercanas por descubrir.

Mi primer viaje a Chora Scafia lo hice con mi amigo Eduardo Ruiz Melibeo, quien tenía la intención de adquirir una casa por esta zona y alquilar habitaciones a conocidos. Rápidamente, Giorgos nos llevó a la casa de unos

familiares, en Komitades. La casa abandonada requería de mucho trabajo y dinero; ni siquiera disponía de cuarto de baño.

El turismo de este paraíso lo componíamos nosotros dos y un grupo de chicas vascas que, al oírnos hablar, enseguida nos invitaron a sentarnos con ellas a tomar algo. Nos informaron de que aquel lugar era uno de los mejores de Europa para contemplar las estrellas, gracias a la escasa contaminación lumínica. Antes de acostarnos, nos tumbamos todos en la carretera, con el asfalto aún templado, para disfrutar de un espectáculo que, a todas luces, merecía la pena. Por supuesto, a esa hora no pasaba ningún coche.

Durante el día, este pueblo tiene cierto trasiego: algunos viajeros que se dirigen a acampar a Gavdos; otros, que han recorrido la garganta de Samaria, cogen aquí el autobús de regreso a Chania. Afortunadamente, todo se calma a la caída de la tarde.

Niko: propietario de una taberna junto al hotel. Turco y listo como nadie, nos conquistó enseguida, regalándonos postres y haciendo descuentos para la fidelizarnos. Nos contó historias sobre el entorno y sobre la eterna lucha greco-turca. Niko era envidiado por los otros dos restaurantes porque conseguía el mejor pescado de los barcos locales: «Lo pago más caro», decía el.

El hombre gordo: grande y orondo, debía de pesar ciento cincuenta kilos. Siempre estaba sentado a una mesa de su tienda, en la única calle paralela a la del puerto. Cuando pasábamos por allí, nos miraba con curiosidad, y un día nos pidió que nos acercáramos. Nos preguntó si buscábamos una casa para alquilar o comprar. Le respondimos que podría ser. Nos indicó que al día siguiente su hija nos enseñaría una.

La hija del hombre gordo: Nos quedamos extasiados cuando vimos aquella belleza griega, un poco rellenita, pero con formas de Afrodita y mirada propia de esa diosa. Pelo negro y largo, y esas facciones que evocaban las películas de Ana Magnani. Por la noche, durante la cena, le comentamos a Niko la hermosura que habíamos conocido. Él nos informó, muy serio, de que «*the fat man*» era el capo de la mafia local. Nos sorprendió, porque nunca habíamos oído que existiera mafia en Creta. «*Sí*» —nos dijo—, «la *Ellinikí*: clanes familiares involucrados en tráfico de drogas. Mejor no hablar con él, y menos aún con la hija».

Nos dejó un poco sorprendidos aquella afirmación de Niko y decidimos contrastarla con Giorgos, quien nos la confirmó. Muchos años más tarde, conocí, en Kufonisi, a una griega que había nacido y vivido en Chora Scafia: me confirmó igualmente que era tierra de mafiosos. Evitando al hombre gordo y a su hija, no hay ningún problema en pasar unos días en el paraíso y, desde allí, conocer otros singulares y particulares enclaves.

La segunda vez que visité Chora Scafia fue con mi familia, algunos años después, deseoso de encontrarme con aquel paraíso, con aquella playita pegada al hotel. Algo había cambiado: la alemana de Giorgos no estaba y él andaba un poco descontrolado y noctámbulo. El hombre gordo y su hija tampoco aparecían por ningún sitio. Quien sí estaba al pie del cañón, y me reconoció y saludó efusivamente, fue Niko. Pasamos unos días relajados y tranquilos, disfrutando de aquel mar deslumbrante, de las apacibles cenas en el restaurante de Niko y de las noches tumbados en la amplia terraza común del hotel, contemplando las estrellas.

El día de la partida, después del desayuno, nos despedimos de Niko cariñosamente, agradeciéndole sus atenciones. Cuando ya estábamos en el coche, a punto de salir, nos dijo que esperáramos. Salió del restaurante con una botella de agua y me la entregó para el camino. Tras la subida tortuosa, abrí la botella con sed y tomé un buen trago. Tuve que parar el coche porque me ahogaba: era *arakí* (leche de león) lo que contenía aquella botella.

ΑΓΟΡΑ
RESTAURANT
AGORA

GAVDOS

NO CREO QUE EXISTA UN lugar más aislado en Europa para perderse que esta pequeña isla al sur de Creta. Gavdos es el punto más meridional del continente. Una isla de setenta habitantes, con playas de arena y aguas cristalinas, donde está permitido la acampada libre y el nudismo en toda su extensión.

En el punto más meridional de la isla, es decir, donde acaba Europa, se alza un monumento para deleite de la fotografía de recuerdos: una silla de gran tamaño orientada a Libia.

Para llegar a Gavdos, lo mejor es tomar un ferri desde Chora Scafia, que atraca en el puerto de Karave, y dedicarse a conocer las magníficas playas y dunas que la isla ofrece: Pótamos, Agios Ioannis, Tripiti y Sarokinico. El único hotel recomendable en la isla es *Consolas Gavdos Studios*, en la playa de Sarokiniko: estudios sencillos y agradables, con una de las mejores playas a tiro de piedra. Varias tabernas, tanto en el puerto como en las playas, se encargarán de que no te falte buen pescado y carne.

Las recientes noticias de Gavdos son preocupantes: al estar tan cerca del puerto libio de Tobruk, se están recibiendo oleadas de migrantes. Algún periódico ha vaticinado que se convertirá en la Lampedusa de Grecia. Antes de viajar a Gavdos conviene comprobar la situación. Qué pena.

LOUTRO

ESTE PEQUEÑO PUEBLO SOLO TIENE acceso por barco, por lo que no existen vehículos ni se necesitan, al estar enclavado en una pequeña playa rodeada de montañas. La primera vez que intenté llegar a Loutro fue en coche, por mi desconocimiento del terreno, hasta que el carril de tierra se cortaba y solo había olivos. No obstante, descubrimos una pequeña iglesia con un monje anacoreta que vivía en ella solo, pero derrochando amabilidad. Nos invitó a una copa de *ouzo* y a agua; se le notaban unas ganas enormes de charlar, pero su inglés era escaso y no pudimos hablar tanto como hubiéramos querido.

El segundo intento, en barco, me permitió conocer uno de los lugares más apasionantes del sur de Creta: aguas cristalinas en una pequeña bahía, con un restaurante sobre el mar y algunas habitaciones para alquilar. La tranquilidad y paz que aporta la ausencia de vehículos es maravillosa. El pescado recién capturado es único, cómo también la grata amabilidad de sus gentes. Durante el día llegan algunos barcos con visitantes que se bañan y disfrutan de una mesa al borde del mar, pero al caer la tarde Loutro se convierte en un edén, en el empíreo. Lo único que se puede hacer —y ya es mucho—, es sentarse en una mesa al borde del mar a leer mientras quede luz, con un *ouzo* en la mano, y esperar plácidamente la hora de la cena. Se puede pasear, pero enseguida comienzan caminos escarpados; eso sí, con vistas a la pequeña bahía y a sus aguas traslucientes.

Existen dos hoteles en Loutro, muy parecidos entre sí y, como no podía ser de otra manera, al borde de la bahía: *Porto Loutro* y *Daskalogianni*, ambos agradables. La otra opción es alquilar una habitación. Para la cena, aunque al mediodía suelen estar más concurridos por la gente que viene en barco a pasar el día, destacan *Pavlos* y *Blue House*. Para el mediodía, en cambio, prefiero un tranquilo y pequeño establecimiento que está algo alejado del bullicio: *Stratis*, muy griego, apacible y relajante.

KOMITADES

UN PEQUEÑO PUEBLO, SITUADO A cuatro kilómetros de Chora Scafia, justo a la salida de la garganta de Imbros, segunda en importancia en estas tierras, ya que la primera es la de Samaria, que desemboca cerca de Chora Scafia.

Lo primero que me sorprendió de este lugar fue que todos los indicadores y señales de tráfico que lo nombraban estaban agujerados por disparos. Algún problema con la *Ellinikí* (mafia), o simplemente travesuras de jóvenes borrachos, eran las dos únicas razones que se me ocurrieron. Pero había otra, mucho más poderosa. Al parecer, un joven de Komitades dejó embarazada a otra joven de Chora Scafia. El hombre no quiso cargar con el peso y la responsabilidad, y huyó a Chania y de allí a Atenas, donde se le perdió el rastro. La familia de la joven ofendida, escopetas en mano, se dirigieron a Komitades para matar al muchacho y, al no encontrarlo, dispararon contra el nombre del pueblo hasta borrarlo. Meses después se instaló un nuevo letrero, confiando en que se habría olvidado el agravio. No fue así: varias veces fue sustituido y tiroteado con la intención de hacer desaparecer el lugar de nacimiento de aquel cobarde. Al final, solo se aprecian los disparos y no lo van a cambiar más. Esta historia me la contó el pope del pueblo —que se encarga de una preciosa iglesia con interesantes obras de arte que algunos viajeros cultos vienen a conocer— mientras tomaba un café negro y turbio en la única taberna del lugar. Fue mi curiosidad la que me llevó, en un primer momento, a preguntarle al religioso que se encontraba en la mesa de al lado, disfrutando de un café con leche y hielo, como solo los griegos saben prepararlo (*café frappé*). Desde entonces descubrí que los popes disfrutan conversando con los extranjeros y preguntan mil cosas de tu país. Casi todos hablan un inglés aceptable.

Komitades se desparrama por una ladera con el mar al fondo. Desde todas las calles del pueblo se divisa el mar, lo que le confiere ese aire de pueblo vigilante ante los piratas invasores.

Cuenta con una única taberna y algunas habitaciones para alquilar. Además de su aire mediterráneo, también conserva la pátina de un pueblo rico y feliz en otros tiempos, que ahora, con sus casas deshabitadas y en ruinas, perece lentamente, acariciado por la brisa del mar que llega desde Frangocastelo. Digamos, en términos costasoleños, que sería «Komitades costa».

Si continuamos hacia el este, por la costa, llegaremos a Matala; antiguo enclave de *hippies* y buscadores de paraísos. Por desgracia, hoy demasiado machacado por turistas que desean fervientemente enrojecer en sus playas.

Cuando Zeus, disfrazado de toro blanco, sedujo a Europa, la llevo hasta Matala y allí cambió su imagen por un águila. Luego voló con Europa hacia Gortys, donde se la pasó por la piedra, como no podía ser de otra manera.

En Europa conozco tres playas o calas con las mismas características: tener cuevas trogloditas en sus paredes. La más espectacular está en Menorca, Cales Coves, una ratonera con docenas de cuevas habitadas

en verano. Nunca olvidaré una noche en un velero fondeado en esta cala: de todas las cuevas salían luces de velas y música de algún instrumento, y también llegaba el olor dulce del hachís. La segunda está en Cabo de Gata, en Agua Amarga, una amplia playa que, por el sur, presenta varias cuevas que en su día también fueron colonizadas. La tercera es Matala, muy parecida a la de Agua Amarga y que aún da testimonio de inquilinos u ocupas que pasan en ellas los meses cálidos

En Matala conviene dar un paseo de varios kilómetros y conocer la playa Rosa, una magnífica extensión de arena rosa y algunos bañistas desnudos. En su día no había taberna ni ningún tipo de aprovisionamiento, por lo que conviene llevar agua.

Matala puede ser una delicia si se visita fuera de temporada, sobre todo en junio, cuando se celebra el festival *hippie* que rememora los años sesenta, época en la que fue un lugar frecuentado por Bob Dylan, Joan Baez, Joni Mitchell y otros.

KASTELORIZO (Pelando berenjenas)

Mi gran debilidad. Otro lugar misterioso y desconcertante, que no aparece en los mapas de las islas porque está cerca de Chipre y de la ciudad turca de Kas. Tan aislada está que, aun formando parte del Dodecaneso (cadena de doce), se encuentra «secuestrada» por la costa turca, a apenas una milla náutica, y en los mapas se indica con una flecha a la derecha. La pobre Kastelorizo está continuamente amenazada por los turcos. Después de la última contienda, Turquía aceptó que fuera griega, pero con la condición de que, si su población se reducía a menos de doscientos habitantes, pasaría a dominio turco. Grecia se ve obligada a enviar militares para no bajar esa cifra.

Castillo rojo (Kastelórizo, o Kastelorizón) es el nombre del castillo que construyeron los caballeros de San Juan en la cima del monte más alto, cuyas ruinas aún son visibles. Esta isla no tiene playas, pero sí se encuentran en el cercano islote de Ro y de Strógili, fácilmente accesibles en barco, así como la cueva de Pavasta, o cueva azul, donde las estalactitas compiten con el azul del agua en belleza y singularidad. Las edificaciones que rodean el puerto son de una belleza y colorido especial y recuerdan, sin duda, a la cercana Simi.

Un destacamento militar italiano, durante la Segunda Guerra Mundial, atraca en esta isla y su único medio de comunicación, la radio, queda destrozado, dejándolos incomunicados hasta tal extremo que no llegan a enterarse de que la guerra ha terminado y continúan viviendo plácidamente en este paraíso. Este es el argumento de la película *Mediterráneo*, de Gabriele Salvatores, y producida curiosamente por Berlusconi y galardonada con el Oscar a la mejor película extranjera en 1992.

Su única ciudad, Mejiste, al igual el resto de la isla, está habitada solo por ancianos, mujeres y niños, ya que los hombres se han marchado a la guerra. La pequeña guarnición italiana no encuentra resistencia alguna y se instala cómodamente. Cada cual se dedica a lo que le gusta; el capitán, amante de la pintura, a restaurar iconos de las iglesias; otros,

a recorrer la isla y sus montes; algunos, al *dolce far niente* ; y la mayoría, a frecuentar a la bella Vasilissa, la única puta de la isla, que se afana en tenerlos contentos. Son tan felices que, cuando se enteran de que la guerra había terminado dos años antes, no quieren marcharse.

La realidad fue bien distinta: esta isla fue bombardeada y destrozada por unos y por otros, ya que suponía un enclave estratégico y, además, su enorme puerto natural es ideal para el aterrizaje de hidroaviones. Antes ya sufrió todo tipo de invasiones: árabes, venecianos, los caballeros de San Juan; turcos, italianos, turcos otra vez y, finalmente, los griegos. La Dama de Ro enarboló la bandera griega después de la Segunda Guerra Mundial y se convirtió en la heroína de la isla. Su estatua está en Mejiste y, gracias a ella, no pertenece hoy a Turquía.

Es interesante visitar las tumbas licias que abundan en los alrededores y la iglesia de Chora Mandraki, con sus pinturas e iconos. Hay también un pequeño museo de la Segunda Guerra Mundial, con fotografías de la isla y del puerto; pero lo mejor es que, al segundo día, ya eres amigo de todo el mundo. Conviene relajarse al atardecer contemplando esa maravilla de puerto veneciano, con Kas (Turquía) al fondo, y conversar con la gente.

Hoy todo el mundo se baña en las limpias aguas del puerto y se relaja en las tabernas situadas a su borde. De vez en cuando baja algún griego de las montañas, con su falda negra y traje típico, y se sienta a tomar un *ouzo* y conversar. Abundan los que aquí llamábamos «estraperlistas»: personas que se dedican a vender objetos a los lugareños, como teléfonos móviles o aparatos de radio, y uno puede entender sus conversaciones de regateo como si hablara griego. Junto a la cafetería *Acuario* hay un restaurante muy barato, donde comen lugareños y estraperlistas: un plato de calamares y *souvlaki,* acompañado de cerveza y retsina, cuesta nueve euros.

En una de estas tabernas, tomando un *ouzo* con Giorgos y Marie, propietarios del *Hotel Vasilissa*, conocimos a Marion, una alemana que viajaba con su madre y que la acostaba «prontito» para poder bajar a las tabernas. Marion conocía setenta islas griegas; me quedé fascinado y me dio alguna información importante sobre sus favoritas. La velada transcurría plácidamente: en esa mesa se concentraba el noventa por ciento del turismo de la isla. Pero Marie y Marion comenzaron a discutir y no conseguí enterarme muy bien por qué —*lost in translation*—; al final, la alemana se marchó llorando.

Es fácil imaginar la vida del pequeño destacamento en esta isla, toda vez que se reconocen los lugares de rodaje. La casa de Vasilissa —la casa azul— es hoy un pequeño hotel: el *Hotel Vasilissa* .

En el interior de Mejiste hay una pequeña taberna con un letrero en la pared: *Mediterráneo.* Allí es donde se reencontraron el capitán y el sargento treinta años después, y se sientan a pelar berenjenas. El Sargento se quedó a vivir en la isla y abrió una pequeña taberna. El capitán volvió treinta años más tarde para ver los iconos restaurados; al entrar en la taberna reconoce al sargento y se ponen a pelar berenjenas, como si el tiempo no hubiera pasado. Esta escena ha sido copiada en otras películas como un guiño a Salvatores: un reencuentro muchos años después, sin palabras, sin preguntas, con la intención de cambiar de vida y abandonar ataduras. Conocí la isla con mi amigo Javier Botet, a quién arrastré hasta allí abusando de su paciencia, y más de una vez, cansado de los problemas diarios, he bromeado con él diciéndole: ¡Vámonos a Kastelorizo a pelar berenjenas!

No cabe duda de que, si algo es común y unificador del Mediterráneo, no son el tomate, el pimiento ni el calabacín; sin duda lo es la berenjena, reina de la cocina mediterránea, ya sea rellena, frita, a la plancha o en pisto. Para los italianos (*melanzane*), los griegos (*moussaka*), los árabes o turcos (*hummus* o *baba ghanush*), esta hortaliza es, sin duda, Mediterráneo puro.

GRECIA CONTINENTAL

Asume la forma de la cola de un escorpión, con el extremo arqueado que forma el aguijón. Esta península es un paraíso de bosques y calas de ensueño, salpicada de pequeños pueblos de pescadores y con un incipiente turismo. En Pelión el viajero tiene la sensación de encontrarse en una recóndita isla y no en la Grecia continental.

Los dioses del Olimpo —que no se encuentra lejos— veraneaban en Pelión y disfrutaban apaciblemente de su clima y playas. Es tierra de centauros y el hogar de Quirón, el centauro más famoso de la antigüedad, quien instruyó al propio Jasón, a Eneas y otros. La madera para construir el Argos se obtuvo de los bosques de este idílico paraje.

Quirón se pasó de la raya y quiso construir un monte más alto que el Olimpo. Para ello se le ocurrió superponer el monte Osa —situado entre Pelión y Olimpo— encima de Pelión y así superar los casi tres mil metros del hogar de Zeus y su parentela. Pretendía mirar hacia abajo para observar a los dioses. Zeus, como se sabe, no tenía un carácter envidiable y, cuando se cabreaba, corría la sangre. La versión que más me gusta es que le perdonó la vida a Quirón, pero lo condenó a dedicar el resto de su existencia a cuidar enfermos, para bajarle los humos y

las alturas. Este es el motivo de que montara una cadena de clínicas (*si non é vero, é ben trovato*).

La puerta de entrada a la península de Pelión es Volos, una ciudad grande y atormentada por el intenso tráfico de las urbes griegas. Al parecer cuenta —yo no los visité— con un bonito puerto, un magnífico museo arqueológico y bonitas playas llenas de griegos. Lo que sí vi, de paso, fue una plaza con una gran estatua de Quirón. Volos está equidistante de Atenas y Tesalónica, por lo que se podrá volar a cualquiera de las dos ciudades.

Al abandonar Volos comienza la paz: el viajero se encuentra con pequeños pueblos costeros donde los restaurantes se instalan sobre plataformas que dan al mar; literalmente, uno puede mojarse los pies mientras come: Agria, Ano Lechonia, Kala Nera, Lefokastro, etc. Al alejarse de Volos, se acerca a la Grecia profunda. Milina es la joya de esta costa tranquila, nótese que estamos en un mar interior y, por tanto, la quietud de sus aguas transparentes es de agradecer. En Milina y alrededores se puede comer buena cocina griega y buen pescado, sentado al borde del mar. En julio se celebran las fiestas y, con la carretera cortada, todo el pueblo baila y canta hasta el amanecer, degustando unos dulces típicos que preparan para la ocasión. Cuando el viajero regresó de Pelión, fue informado de que una cruel tormenta había arrasado la zona, y especialmente Milina.

Merece la pena acercarse a Trikeri, en la uña del escorpión, un pueblecito de montaña con vistas al continente y a la península, que justifica con creces el paseo.

Efectivamente, la mayor parte de las escenas de exterior de *Mamma Mia* se rodaron en esta península: en sus pueblos de interior, anclados en el pasado; en sus costas de aguas tranquilas y con su magnífica gente.

Muchas islas y zonas continentales de Grecia sufren el paso del tiempo, que va pasando factura en forma de hoteles y centros turísticos, por lo que estos paraísos irán, poco a poco, contando con mejores carreteras, resorts, sombrillas y tumbonas, e irán perdiendo ese maravilloso encanto. No resistirán otro *Mamma Mia*, así que ya estás tardando.

SI EL MONTE ATHOS ES un lugar misterioso y críptico, Meteora no se queda atrás. Esas enormes piedras, de la altura de un rascacielos, impresionan al viajero, que se adentra en una especie de parque de atracciones asombroso, antiguamente poblado por lobos y serpientes. Estas formaciones rocosas fueron enviadas por el cielo para que los griegos construyeran allí los monasterios y rezar así lo más cerca posible del cielo. La palabra meteoro (y meteorito) deviene de esta ancestral creencia. Hoy día está claro que ha sido la erosión la creadora de estas enormes moles de arenisca y conglomerado.

Los monjes que iniciaron la construcción de estos monasterios, en el siglo XIV, provenían del monte Athos. Se llegaron a construir veinticuatro monasterios, de los que hoy permanecen habitados seis, dos de ellos femeninos. El más espectacular de todos es el de la Santísima Trinidad.

Dada la espectacularidad de estos monasterios, encaramados de forma imposible sobre estas enormes rocas, se han filmado varias películas, incluso una de James Bond, además de servir de inspiración para la fortaleza Nido de Águilas en la serie *Juego de tronos*.

Para llegar a Meteora hay que atravesar las llanuras de Tesalia hasta llegar a la ciudad de Kalambaka, una localidad importante en la región. Al norte de esta población se abre este enclave único en el mundo, que merece la pena recorrer con tiempo, visitando los monasterios, todos ellos abiertos al público. Conviene consultar los horarios.

El alojamiento más recomendable son los pequeños hoteles situados a la entrada de Meteora, desde los que se contemplan las grandes moles de roca y algún monasterio. Restaurantes y tabernas hay para elegir. El más aconsejable para cenar es el *Meteora Panorama*, con una vista privilegiada y donde se puede comer una carne excelente.

Al ser un lugar muy visitado, conviene evitar los meses de julio y agosto para poder disfrutar de un enclave insólito, con paisajes espectaculares donde relajarse. Para los caminantes es ideal, con rutas únicas de escenarios inolvidables.

Ο ΕΥΣΧΗΜΩΝ ΙΩΣΗΦ ΑΠΟ ΤΟΥ ΞΥΛΟΥ ΚΑΘΕΛΩΝ ΤΟ ΑΧ
ΚΑΘΑΡΑ ΕΙΛΗΣΑΣ ΚΑΙ ΑΡΩΜΑΣΙΝ ΕΝ ΜΝΗΜΑΤΙ ΚΑΙΝΩ ΚΗ
ΙΩΦ
ΙΣ ΧΣ
ΙΩΝ
ΜΡ ΘΥ
ΣΑΛ
ΜΑΡΘ

SITONÍA (Los tres dedos)

Es el dedo central de Calcídica (*Halkidiki*) y sus aguas están resguardadas por sus dos vecinos: Athos y Kassandra. Esto le proporciona un mar tranquilo y unas playas de aguas transparentes que parecen como si se hubieran empadronado en esta península. Volar a Tesalónica es la mejor opción para conocer este dedo bendecido por Poseidón.

Su vecina Kassandra, al estar más cerca de Tesalónica, ha sido más castigada con hoteles de lujo y urbanizaciones. Sitonía, en cambio, resiste, aunque muestra dos o tres malas excepciones. Una de ellas es Neos Marmaras, gran puerto y ciudad que crece sin orden ni concierto, aunque debió de ser en su día un precioso pueblo de pescadores encaramado a una colina sobre el puerto. Otra es Porto Carras, una urbanización de lujo con campo de golf.

Dejando atrás ambas máculas de este paraíso, el viajero se dirige a Porto Koufo, lugar de veraneo de griegos, donde pequeños alojamientos y un agradable hotelito (*Hotel Porto Koufos*) permiten disfrutar de esta secreta bahía, cerrada como una ratonera y que, por su forma, recuerda a cala Galdana, en Menorca. Al otro lado de la carretera, frente al hotel, una taberna sirve buen pescado y comida casera. Vecina de Porto Koufo se encuentra Toroni, con una inmensa playa, pero muchas más edificaciones.

Al norte del *Hotel Porto Koufo*, tras un paseo de quince minutos por un camino de tierra al borde del mar, encontramos varios restaurantes y un camping. Es recomendable continuar hacia el sur y descubrir pequeñas calas y tabernas que, sin duda, sorprenderán al viajero. La costa oriental de Sitonía es aún más salvaje y, además, constituye una ruta de veleros que recalan en calas solitarias. Kalamitsi es una bonita bahía con playa de arena que suele estar concurrida. Paralia Sikias es una extensa playa, en la que los bañistas están más diseminados y se puede disfrutar de mayor tranquilidad. A poca distancia, continuando hacia el norte, encontramos Valti, otra playa tranquila donde disfrutar de aguas transparentes. En cualquier caso, la joya escondida de esta costa oriental es Vourvourou, una ensenada con forma de herradura y cinco playas distintas, a cada cual más bonita y tranquila.

Sitonía es un claro ejemplo de paraíso condenado a desaparecer por su insoportable cercanía a Tesalónica, segunda ciudad de Grecia, que, año tras año, va extendiendo sus mortales tentáculos en forma de hoteles y urbanizaciones, salvo que una política de conservación la salve. Su hermana Kassandra ya no tiene remedio, solo hay que ver las enormes colas de vehículos que en verano se dirigen a sus playas.

EL MONTE ATHOS

DESDE QUE LEÍ LAS MUCHAS tribulaciones de Jacques Lacarrière en Grecia y, sobre todo, sus visitas al Monte Athos, he sentido una enorme curiosidad por visitar este tercer dedo de *Halkidiki* (Calcídica), el más oriental.

Junto con Kassandra, el más occidental, y Sitonía, en el centro, forman ese trío de penínsulas con bosques mediterráneos y calas escondidas, con playas solitarias y apacibles —la mayoría de guijarros—, aunque no hay nada que no arreglen unos buenos escarpines.

Athos fue un gigante al que los dioses castigaron y enterraron en ese monte: esa es la versión oficial olímpica. A mí me gusta más la versión pagana, según la cual Athos fue un buen hombre, amigo de Zeus, y tenía dos hijas: Sitonía y Kassandra. Una de ellas se enamoró del Brad Pitt de la época, que ya se había enamorado de la otra hermana. Tal era la pasión de ambas por el guaperas que, al final, tomaron una decisión nada salomónica, sino todo lo contrario: ambas se casarían con el mismo hombre. Athos prohibió tal barbaridad. El mozo, viendo que aquello se complicaba, se embarcó con los Argonautas y desapareció. Las hermanas, llenas de rabia y celo contenidos, pidieron a la bruja Zolanda que convirtiera a su padre en una de las penínsulas calcídicas, y así fue. Al conocer el agravio, Zeus montó en cólera y convirtió a las dos hijas de Athos en otras dos penínsulas (*si non é vero, é ben trovato*).

Por una parte, el monte Athos quizá sea el lugar más misterioso e impenetrable de Europa y, por otra, es un espacio sagrado. Su característica fundamental —y yo diría que esencial— es la ausencia del género femenino, y no por recomendación, sino por una prohibición absoluta. Según la tradición, la Virgen María y San Juan se dirigían a Chipre en misión evangelizadora y una tormenta les hizo desembarcar en Athos. Desde entonces, no se permite la entrada del género femenino, salvo a la propia Virgen.

Existía otra prohibición de entrada en Athos: la de los catalanes, quienes no podían pisar el monte por lo que se conoce como «la venganza catalana». Los Almogávares catalanes, en el siglo XIV, arrasaron el norte de Grecia y, en Athos, encontraron nula resistencia y monasterios llenos de víveres y cientos de monjes a los que ejecutar. Esto quedó resuelto a principios del presente siglo con una generosa donación para reformas realizada por la Generalitat.

Desde que se embarca en el ferri, en Ouranópolis, última ciudad y puerta del monte Athos, ya se nota la prohibición: no hay aseos para mujeres. Ouranópolis está en el fin del mundo. Son tantas las carreteras secundarias y comarcales que hay que atravesar, que el más mínimo error en el navegador te puede hacer aparecer en Bulgaria.

El viajero pensaba que Ouranópolis no era más que un pueblecito y un simple puerto del que salían los ferris, y se sorprende al descubrir una ciudad caótica, llena de hoteles y turistas griegos, búlgaros, rumanos y serbios. Además, cuenta con docenas de restaurantes alineados y una torre bizantina espectacular: la torre de Prosforio. La culpa de esta concentración turística la tienen las estupendas playas de arena de esta localidad.

En Ouranópolis el viajero debe recoger el diamonitrión, permiso para visitar el monte Athos, del que se concede una limitada cantidad diaria —solo diez para no-ortodoxos—, sin el cual es imposible embarcar en el ferri que navega hasta Dafni, puerto de entrada. No es posible acceder por carretera.

Al recoger el diamonitrión le preguntarán al viajero por su religión y, si es católico, le penalizarán con treinta euros. Parece difícil y burocrático, en un principio, obtener este documento. No obstante, al viajero le resulta fácil obtener su permiso: le está esperando a su nombre y solo tiene que mostrar su pasaporte —y digo bien, el DNI no sirve por razones que explicaremos más adelante—. Esta facilidad deviene de la precaución de haberlo solicitado previamente por internet. Lo más complicado, con todo, es aparcar el coche, ya que en temporada turística los aparcamientos públicos están completos, y dejarlo mal aparcado durante varios días parece que no es una buena opción. Una vez resuelto el problema, el viajero, con una pequeña mochila, se dirige al ferri, donde se acomoda nervioso y ansioso por conocer una tierra misteriosa.

En el monte Athos hay veinte monasterios —la mayoría griegos, uno ruso, otro búlgaro, uno serbio y otro rumano— y una población residente de dos mil quinientas personas. Pertenece a Grecia militarmente; es decir, ante una invasión turca (auténtica pesadilla griega) sería defendido por Grecia. Para todo lo demás es un Estado independiente con su legislación propia: no podría ser de otro modo al legislar en contra del sexo femenino, ya que la Unión Europea no lo hubiera permitido en un Estado miembro. Cuando Grecia entró en la Unión Europea surgió este problema ancestral, y la solución fue considerar Athos como Estado independiente dentro de la Unión. Hubiera sido más fácil declinar la entrada en la UE que permitir la entrada de una mujer en Athos. Por esta razón, hay que llevar el pasaporte y no el DNI. En definitiva, al entrar en Athos se sale de la Unión Europea.

Al subir al ferri en Ouranópolis se debe mostrar el pasaporte y el *diamonitrión*. Este será el único control requerido, salvo que el nombre de pila sea dudoso y las características físicas sean afeminadas, en ese caso habrá que someterse a otro tipo de prueba.

El ferri navega bordeando la costa durante unos cuarenta minutos, lo que permite descubrir desde el mar varios monasterios impresionantes. La vista de estos edificios desde el barco es genial: todos disponen

de embarcadero donde atracar y recoger o dejar viajeros, comúnmente monjes que van de un monasterio a otro, o bien trabajadores. Pocos son los peregrinos, que, como el viajero, se dirigen a Dafni para acceder a algún monasterio concreto.

Senofonte, San Pantaleon, Xiropotamo y Dochiariu son algunos de los veinte monasterios que existen en el monte y que se pueden divisar desde el ferri, antes de atracar en Dafni. Algunos muestran una espectacular belleza desde el mar; sin embargo, después de Dafni, en la costa oriental, se encaraman a los acantilados, como nidos de águilas, algunas construcciones impresionantes. El más antiguo, Magister Laura, lo fundó San Atanasio, en 963, y el más espectacular es Simonos Petra, encaramado en un monte como en Meteora.

La llegada a Dafni decepciona al viajero. Aunque está acostumbrado a las escalas en islas, es decir, a desembarcar en la escala, pequeña población del puerto o embarcadero, y luego continuar hasta la *chora*, población más importante del interior, esta escala le resulta impropia, pequeña: solo cuatro casas, un bar y la caseta donde se venden los billetes del ferri.

Viendo que Dafni no muestra ningún interés, se dispone a preguntar la mejor forma de llegar a Kayres. El viajero ha leído que existen taxis carísimos para la distancia a recorrer y que, por el contrario, existen pequeños autobuses que, por apenas cinco euros, resultan más asequibles. Le indican que a pocos metros está la parada y se dirige a ellos. Le invitan a que se suba a uno, abriéndole la puerta. El calor en el interior es insoportable: hay casi veinte hombres ensopados en sudor, esperando resignadamente a que el vehículo arranque. Pronto comprende que no arrancará hasta que no se completen las veinte y pico plazas. Lo que no alcanza a comprender es el porqué de esa tortura: cuando ya se dispone a bajar para tomar aire, tres trabajadores y un monje acceden al vehículo, y se produce entonces el milagro. El motor ruge, el aire acondicionado —débil, apenas capaz de agitar el bochorno— empieza a remover el aire caliente del atestado contenedor.

El estado del camino de tierra que conduce a Kayres, aliado con el del vehículo y en connivencia con las curvas y precipicios, hizo sudar aún más al viajero. Posiblemente sea uno de los trayectos más intimidantes de su vida. Llegando a Kayres se observa que han empezado a asfaltar: esto mejorará sensiblemente el único enlace entre el puerto y la capital, única población que a duras penas merece ese nombre.

Kayres no tiene más de cinco calles y alguna edificación dispersa a su alrededor. Varias tiendas de suministros abastecen a los monjes de lo necesario: son el avituallamiento de los monasterios. Hay dos bares donde comprar un bocadillo o un trozo de pizza y nada más; también una iglesia y varios edificios administrativos. No existe ninguna pensión donde pasar la noche.

El viajero había solicitado pernoctar en varios monasterios, pero, debido a su confesión por bautismo —que no por practicante—, al *overbooking* por las fechas y a la cada vez más restringida disponibilidad, el único que le contestó afirmativamente, y solo por una noche, fue Stavronikita.

Este monasterio dedicado a san Nicolás de Bari muestra una torre espectacular, unos cipreses centenarios y una magnífica iconografía. Se encuentra en la costa oriental, a una media hora en coche de Kayres. Este camino sí es lo que uno espera encontrar: cipreses, nogales, higueras perfumadas, vides, etc., hasta la imponente llegada al monasterio. Entonces llega la hora de abonar los setenta y cinco euros por el trayecto, siendo ya el único pasajero en uno de los autobuses de veinticinco plazas. No quedaba otra opción, ya que el plan B era alquilar un burro, pero los monasterios cierran a la caída de la tarde, sin posibilidad de acceso si llegas después. Las normas las establecen ellos; no en vano ofrecen alojamiento y una comida completamente gratuita

Los desplazamientos en Athos son complicados. La mayoría de los peregrinos van caminando desde Kayres a los monasterios, ya que no existe la posibilidad de alquilar un vehículo —salvo los burros—, y se recomienda hacerlo en grupo.

La llegada a Stavronikita es muy agradable: un monje da la bienvenida con un vaso de agua y unos pastelillos muy dulces, para reponer glucosa. Al rato, sin prisas, acompañan al viajero a su celda y le dejan descansar. Le advierten que la cena es a las seis y media. El viajero abre una ventana y descubre unas vistas inmejorables a un mar azul en calma. Al mirar hacia abajo advierte una caída de unos cien metros hasta las rocas: está colgado, literalmente, de un acantilado. Siente vértigo y se retira. La habitación dispone de un colchón sobre una tabla de madera, una manta, una palangana sobre una pequeña mesa y una jarra llena de agua. Un pequeño taburete permite, llegado el caso, convertir la pequeña mesa en un escritorio.

El viajero descansa solo quince minutos, porque quiere aprovechar las horas que quedan para pasear por el monasterio. Camina por el exterior, acompañado de grandes cipreses, huertos y árboles frutales. Una fuente se presenta como lugar de reposo y meditación. Un monje se retira con una sonrisa, diciendo *kalispera*; el viajero siente que ha interrumpido algo.

Otro monje viene apurado con una gran cesta por el camino de los huertos, seguramente con la cena. El viajero tiene la sensación de estar en un *wellness organic retirement* de cinco estrellas carísimo, de no ser por la precariedad de la habitación.

En el interior del monasterio descubre corredores que terminan en terrazas abiertas al acantilado. Allí redobla su preocupación y vértigo al ver las débiles vigas de madera que apuntalan las celdas. La fuerza de la cadena es la de uno de sus eslabones; alguna de las vigas estará perjudicada por la humedad, pensó. El viajero continúa recorriendo su hospedaje y, en el interior, le esperan iconos de gran belleza, pan de oro para aburrir y, en cierto momento, un monje le pregunta su religión y le advierte que no puede pasar por ser católico. A partir de ahí, el *santa sanctorum* debe contener obras inimaginables, permitidas solo a ortodoxos. Un poco frustrado, el viajero curiosea por su área permitida hasta la hora de la cena.

Al acceder al refectorio pregunta dónde puede sentarse y lo acomodan en un banco junto a unos peregrinos griegos. Solo logra intercambiar unas pocas palabras en inglés con sus vecinos, que visitan el monasterio por una semana.

Un monje de mediana edad se acerca al viajero y le pregunta su religión. Posteriormente se dirige a un monje mayor, de grandes barbas blancas, que ocupa un lugar prominente en el refectorio. Ambos hablan y lo miran. El monje mayor mueve la cabeza una y otra vez con ese gesto tan griego, a medio camino entre el no y el sí. Dejan de hablar y el joven se dirige hacia la zona del viajero —este piensa que lo van a mandar a cenar a la cocina—, pero se sienta en un banco cercano. El silencio domina toda la cena.

Les sirven una rebanada de pan con queso feta, tomate e higos: delicioso. Después una menestra de verduras con especias griegas: muy sabrosas. De postre, yogur espeso y endulzado con un poco de miel.

El viajero observa, sorprendido, la cantidad de monjes muy jóvenes que se sientan entre los mayores; se levantan constantemente para atender cualquier requerimiento de sus superiores, que los miran sonrientes y complacientes. El viajero recuerda las historias de represión sexual que ha leído sobre Athos. Jacques Lacarrieré cuenta cómo un monje se le abalanzó para besarle. No es de extrañar que existan historias turbias en un sitio como este: el sexo, como la vida, siempre se abre camino.

Al viajero le apetece caminar para bajar la cena y se dispone a salir del monasterio, pero un monje le advierte, en inglés, que no se aleje mucho, porque una vez cerradas las puertas ya no se pueden abrir bajo ningún concepto. El viajero pasea con un ojo puesto en la entrada.

El viajero entra en su celda despacio, caminando con cuidado al recordar las vigas que la apuntalan. Se tumba vestido en el colchón y deja la ventana abierta para oír el sonido del mar, el mejor somnífero que existe.

Con las primeras luces se levanta y se refresca con el agua de la jarra. No hay desayuno, solo una comida. En la mochila lleva unas *baklavas* que le sirven de desayuno —sin café— y bebe un poco del agua de la jarra. Al bajar, encuentra el monasterio en plena ebullición: todo el mundo anda de un sitio para otro. Encuentra al monje que le atendió a la llegada y le pregunta de qué manera se puede llegar a Kayres. Este le responde que un monje va todos los días con un vehículo y que podrá llevarlo. El viajero se instala junto a la fuente de la entrada y se dedica a leer durante unas dos horas, hasta que un monje se le acerca y le dice en griego si quiere ir a Kayres. Aunque el viajero no habla griego entiende el nombre de la ciudad y asiente con un *parakaló*. Lo sigue, y el monje le indica que se suba en un todoterreno.

El camino es aún más bonito por la mañana: el sonido de miles de pájaros es ensordecedor y la brisa fresca es reconfortante. El viajero se alegra de haber conocido este rincón misterioso del mundo, y advierte lo salvaje y natural que se muestra sin contaminación ni turistas. Únicamente el síndrome de abstinencia del café le perturba, algo que soluciona adecuadamente en Kayres con un espeso café griego.

Nuevamente, el tortuoso camino hacia Dafni, esta vez con menos pasajeros. Luego, el viajero espera al borde del mar, con una cerveza Mithos en la mano, la salida del ferri. El barco va sobrecargado de obreros y monjes, y no encuentra sitio para sentarse. Una vez resignado a completar el trayecto de pie, uno de los monjes se levanta y le cede el sitio. El viajero, azorado, lo rechaza, toda vez que el monje tiene más o menos su edad. El monje insiste con decisión, y otros monjes asienten y le animan a que tome el asiento. El viajero se sienta pronunciando varios *epharisto* y comprende en ese momento lo que no ha entendido durante su breve visita a Athos. Se da cuenta de que ese gesto del monje es un sacrificio voluntario, una manera de sacrificarse por su prójimo, por su hermano; una ofrenda a Dios con una buena acción, simplemente por complacer a alguien. El monje sonreía con un gesto de felicidad, contento por hacer algo por los demás; él era el que daba las gracias, él era el beneficiado.

El viajero comprendió que había estado en un lugar sagrado y vislumbró el profundo sentimiento religioso que invade este enclave. Solamente en la India se pueden ver comportamientos similares: el karma, pensó. No había entendido nada hasta este momento, y todo lo que había leído sobre Athos no reflejaba lo que en ese instante afloró. Athos no tiene nada que ver con el resto del mundo. Athos es culto y sacrificio; no en vano quedan ermitaños que viven en soledad, en cabañas inaccesibles colgadas de los acantilados, recibiendo los elementales víveres mediante poleas, dedicados a la oración y esperando el momento supremo de la muerte para reunirse con Dios.

Llegada a Ouranópolis y recobrada —o mejor dicho, impuesta nuevamente— la normalidad, al viajero lo invade una sensación de tristeza, de desasosiego. ¿Cómo sería vivir en un monasterio de Athos? ¿Podría soportarlo? Nunca lo sabrá.

GASTRONOMÍA GRIEGA

ARTHUR MILLER DIJO QUE LE gustaba más una comida griega que una buena comida francesa, aunque fuera una herejía reconocerlo. A mí me ocurre lo mismo y no lo considero una herejía admitirlo. Lo mejor de la comida griega es su falta de sofisticación, su simpleza, el valor de sus ingredientes frente a la técnica. Opino igual de la cocina gallega, en la que todo es hervido y fabuloso. El cocinero y escritor Auguste Escoffier manifestó que los mejores platos son los más simples.

La cocina de cada país es única y se basa en su historia; esta determina el grado de calidad a través de la existencia de platos ancestrales. Y si hablamos de historia en relación con la cocina, Grecia debe y puede estar entre las mejores del mundo.

La esencia de la cocina griega no está en restaurantes con estrellas —que los hay—, sino en las tabernas, donde se cocinan los platos típicos con mayor o menor fortuna, dependiendo de la cantidad de turistas en el establecimiento. Recuerdo una taberna que me recomendaron en Atenas, en Kolonaki: solo había griegos, ningún turista. La experiencia fue inolvidable.

La virtud de la cocina griega está en destapar las cacerolas y oler los guisos, en mirar a los ojos a los pescados aún vivos, en saborear las especias. Cuando una ensalada huele a orégano antes de llegar a la mesa, se está en el lugar adecuado.

La ensalada griega: no existe un plato más mediterráneo que este: tomates, lechuga, pimiento, cebolla, pepino, un trozo generoso de queso feta, aceitunas de Kalamata, aceite de oliva verde botella y orégano recién cortado. El resultado dependerá de la calidad de los ingredientes, pero, cuando estos son del propio huerto, el manjar es inigualable.

Taramasalata: *En casa sirvo la comida cuya historia conozco* (Michael Pollan). Telocomías fue un gran cocinero al servicio de un noble griego. Toda la nobleza quería contratar a aquel artista del que se hablaban maravillas. Fue fiel a su señor hasta la muerte de este y solo entonces consintió en trabajar para otro. Fue Pericles quien, finalmente, se hizo con sus servicios. Un día Pericles organizó una cena para Calícratres e Ictino, arquitectos de la Acrópolis, e instruyó a su cocinero para que preparara pescado, que le traerían fresco de Porto Limano. El pescado venía con gran cantidad de huevas y Telocomías tuvo la genial idea de elaborar su famoso hummus de garbanzos y berenjenas y preparar otro con huevas de pescado. El resultado fue espectacular y Pericles lo felicitó ante tamaña innovación. Más tarde probó con las huevas de salmón y quedó definitivamente institucionalizada la taramasalata (*si non é vero, é ben trovato*).

Dolmades: no sabemos a quién se le ocurrió envolver una masa de arroz con carne, pasas, piñones y especias en hojas de parra y freírlas. Parece ser que este plato fue importado de Asia y tuvo buena acogida en Grecia.

Como todo hoy día, la mayoría de restaurantes y tabernas lo sirven en conserva. Conviene preguntar y asegurarse de que sean caseras, pues la diferencia no es baladí.

Tzatziki: otro plato simple que se sirve como aperitivo. Consta de yogur y pepino muy picado, hierbabuena troceada, un poco de pimienta molida y un chorrito de limón. Aunque es tan simple como una tostada con mantequilla, la diferencia entre uno bien hecho y en su justa proporción, con auténtico yogur griego y pepino recién cortado, es muy significativa.

Moussaka: es como la paella para España; un plato tradicional que todo el mundo prepara y cuyo éxito dependerá de la calidad de la bechamel y de la carne picada.

Verduras rellenas: Los griegos son especialistas en preparar tomates, pimientos, cebollas, calabacines y berenjenas rellenos. Los abren por la mitad y los rellenan de carne picada, especias y queso. Estos platos son absolutamente recomendables y en ningún otro lugar se comerán como allí.

Stifado: canela, clavo, cardamomo y comino son los importantes ingredientes del estofado helénico, además de cebollas pequeñas enteras y, como no, la carne de vaca.

Htipiti: crema para untar elaborada con pimientos asados y queso feta.

Pastichio: a diferencia de los italianos, los griegos no usan la pasta para cocinar. Solo el pastichio figura normalmente en las cartas: son macarrones con tomate o bechamel y carne. Queda hecho una pieza, como un pastel; suele estar bastante seco.

Retzina: una copa de *retzina* fría, al lado del mar y con la sierra imperturbable de las cigarras de fondo, forma parte de la liturgia griega. Hay que asegurarse de que no te sirvan este vino, con sabor a pino, en latas, como si fuera un refresco. Hay que pedir una botella con su corcho, como cualquier vino blanco. Es una lástima que se está perdiendo la tradición de servir *retzina* embotellada.

Vinos griegos: no es en esta materia donde destaca la gastronomía helena, a pesar de que el primer vino de la historia se elaboró en la isla de Samos. Curiosamente, en esta isla he bebido vinos realmente malos. Existe un vino tinto peleón que venden en envases de cinco litros y que, si no hay otra cosa, se puede beber. Tendremos en cuenta la honrosa excepción de Creta, donde producen buenos vinos, la isla de Limnos y un blanco muy bueno en Santorini (*Asirtiko*), muy afrutado y fresco. Como en todas partes, los enólogos están sacando al mercado buenos caldos y recuperando uvas antiguas, y cada vez se nota más la calidad de los vinos. Los precios son la asignatura pendiente, ya que no tienen muchos terrenos dedicados a viñedos y, por tanto, los precios lo acusan.

LOS QUE SABEN DE ESTO

Arturo Pérez-Reverte: *La isla de la mujer dormida*

Henry Miller: *El coloso de Marusi*

Jacques Lacarrière: *Verano griego*

Javier Reverte: *Corazón de Ulises*

Lawrence Durrell: *Las islas griegas*

Lluis Ferrés: *La isla olvidada*

Patrick Leigh Fermor: *Un tiempo para callar*

Rafael Chirbes: *Mediterráneos*